(2003)

L3
Ge

21/23.

Ouest contre Ouest

DU MÊME AUTEUR

Le Discours de la guerre, Editions de L'Herne, 1967, repris en coll « 10/18 », 1974. Editions Grasset, 1979.

Stratégie de la révolution en France, Editions Christian Bourgois, 1968.

La Cuisinière et le Mangeur d'hommes, essai sur l'Etat, le marxisme, les camps de concentration, Editions du Seuil, coll. « Combat », 1975.

Les Maîtres penseurs, Editions Grasset, 1977.

Cynisme et Passion, Editions Grasset, 1981.

La Force du vertige, Editions Grasset, 1983.

La Bêtise, Editions Grasset, 1985.

Silence, on tue, avec Thierry Wolton, Editions Grasset, 1986.

Descartes, c'est la France, Editions Flammarion, 1987.

Quelques Mots sur la parole : Slovo o slovu, de Vaclav Havel (trad. du tchèque par Barbora Faure), *Sortir du communisme, c'est rentrer dans l'Histoire,* d'André Glucksmann, Editions de l'Aube, coll. « Regards croisés » (*éd. bilingue*), 1989.

Le XIᵉ Commandement, Editions Flammarion, 1991.

La Fêlure du monde : éthique et sida, Editions Flammarion, 1994.

De Gaulle, où es-tu ?, Editions Lattès, 1995.

Le Bien et le Mal, Lettres immorales d'Allemagne et de France, 1997. Editions Robert Laffont.

La Troisième Mort de Dieu, Nil éditions, 1999.

Dostoïevski à Manhattan, Editions Robert Laffont, 2002.

André Glucksmann

Ouest contre Ouest

Plon

ISBN 2-259-19943-7

à Pascal Bruckner
Romain Goupil
Bernard Kouchner

pour quelques amies et amis de tout jour.

Ce n'est qu'un début

Qu'en est-il de l'incendie mental du printemps 2003 qui précipita tant d'Européens dans les rues et divisa la planète ?

Que reste-t-il des éclats qui paralysèrent l'Organisation des Nations unies et écartelèrent l'Alliance atlantique ?

Rien, en apparence. Depuis la chute fulgurante de la dictature à Bagdad, les diplomates échangent accolades et bisous.

Finies les évocations blessantes : Munich, Vichy, Hitler ? Envolés les qualificatifs injurieux : néocolonialistes, impérialistes, va-t-en-guerre ? Eteintes les accusations terribles : peuple assassiné, crime contre l'humanité ? On enterre la hache de guerre. Etait-ce un bras de fer pour rire ?

Parfois un cuisant souvenir brûle les lèvres : l'Amérique ne comprend pas qu'elle ait été jugée « plus dangereuse que Saddam Hussein ». En vérité les désaccords marinent dans la pénombre des non-dits. La confiance s'absente ; même bien lunées les parties s'entêtent; non rien de rien, chacune ne regrette rien et suspecte l'autre de fomenter en douce une prochaine offensive.

Je parie qu'il vaut mieux jouer cartes sur table. Qui est ami? Qui est ennemi? Qui sommes-« nous »? Un grand débat stratégique s'est ouvert avec fracas. Il dominera la décennie qui vient. Osons tailler dans le vif, méditer franchement ce qui nous oppose et formuler sans trémolos ce qui nous réunit encore. Sinon, dès qu'on parle « Europe », « terrorisme », « violence », « paix », « sécurité », liberté..., à nouveau la cacophonie l'emporte et le feu couve.

1

Pascal et le Quai d'Orsay

« Comme si renoncer à échouer était beaucoup plus grave que renoncer à réussir... »

Maurice Blanchot.

Le 30 janvier 2003, à 14 h 30, je sortais du Quai
d'Orsay. Abasourdi. Triste. Je devinais que la
France, décidée à pousser sa querelle, allait user du
maximum de ressources, influences, amitiés, pouvoirs, ruses et ficelles disponibles pour bloquer le
« camp américain » et interdire toute intervention
musclée en Irak, pis, toute menace d'intervention.

Grande première ! La guerre froide a sombré dans
l'oubli. Le match suivant, Sud contre Nord, n'avait
jamais eu lieu que dans les songes des tiers-
mondistes. En revanche, inattendu à Davos et à
Porto Alegre, prenant au dépourvu mondialistes,
antimondialistes, altermondialistes, révolutionnaires bon teint et conservateurs à tous crins,
l'Occident monte à l'assaut de l'Occident, l'ONU
entre en ébullition et le G8 frôle l'implosion. La que-

relle cette fois éclate à domicile, entre gens du meilleur monde. S'agit-il d'une farce? Beaucoup le crurent, certains l'espèrent encore, embrassons-nous, tout est bien qui finit bien.

Malheureusement, l'algarade ouvre sur le drame et secoue la planète, même si, revenant sur le tard aux bonnes manières diplomatiques, les éminences du moment se répondent à nouveau au téléphone. Thucydide nous dirait que les conflits les plus intenses opposent toujours les semblables aux semblables, les Grecs aux Grecs dans la guerre du Péloponnèse – ce pourquoi il la juge d'entrée plus « grande » que la mythique victoire jadis remportée sur l'envahisseur perse. Il en va pareillement des guerres mentales. Celle que la crise irakienne allume ne doit rien au choc des civilisations ou des nations. Elle scinde, de l'intérieur, des cœurs qui vibrent depuis toujours à l'unisson. Elle partage des esprits qui professent les mêmes convictions.

Voilà deux mille cinq cents ans, Socrate signalait que nos différends les plus acharnés, les plus inconciliables, s'embrasent autour d'idéaux que l'on veut partager et d'Idées qu'on suppose communes. Ses concitoyens d'Athènes exhibaient un même amour du Bien, du Beau, du Vrai, mais dès qu'ils entreprirent de démêler ce qu'ils entendaient par là, se leva ce désarroi éclairé dont nous héritons. Quand les certitudes, les principes, les espérances de l'Ouest livrent bataille aux espérances, principes et certitudes de l'Ouest, incompréhensions, fureurs et cynismes ont tôt fait d'entrer dans la danse. On peut tout attendre et apprendre beaucoup d'un aussi fulgurant ébranlement des consciences. La première guerre mentale-mondiale vient de s'ouvrir.

J'avais rencontré pour la première fois l'élégant ministre des Affaires étrangères quelques semaines auparavant. Je l'aimais bien. Il ne manquait pas de fougue et d'allant, ce qui, sous les ors rutilants du palais, le rendait intéressant et plutôt sympathique. D'autant qu'il m'apparaissait solidaire des initiatives qu'en 1995 j'avais baptisées « glorieuses » de Jacques Chirac, quand, prenant ses distances avec son prédécesseur, il scandalisa le passé en pointant la responsabilité impartageable de la France dans l'héroïque comme dans l'irréparable (de 1940 à 1944). Et scandalisa le présent en dénonçant la dérive munichoise des démocraties à l'heure bosniaque. A mes yeux, le nouveau président semblait comprendre et faire comprendre que « la planète demeure dangereuse, que la France a été, est et sera en proie à des périls multiples et parfois mortels, que toute politique authentique joue sa vérité ultime au bord de l'abîme. Même, et peut-être davantage lorsque les monstres qui surgissent – fanatismes, terrorismes, dictatures – ne se laissent pas réduire, depuis la chute du mur de Berlin, à un dénominateur commun... Qui gouvernera Moscou demain? Qui disposera des 10 000 têtes nucléaires apanage du Kremlin? Qu'en sera-t-il de la Chine? Où vont l'Iran, l'Irak, le Pakistan et la Corée du Nord [1]? ». Les vérités désagréables ne suscitant pas des records de popularité, je saluais la prudence inquiète d'une nation moyenne qui se sait telle, se reconnaît exposée, et n'ignore pas que l'Histoire est tragique.

Jacques Chirac avait poussé l'audace très loin. Tout juste élu, pas encore sur le trône le 8 mai 1995, il déclara au journal *Le Monde* que, contrairement à François Mitterrand, jamais il ne serait allé à Moscou trinquer à la victoire sur le nazisme en faisant fi des cadavres tchétchènes. Or c'était justement pour plaider la cause de ces malheureux et celle de la paix en Tchétchénie que, en décembre 2002, je sollicitai Dominique de Villepin. Le président Poutine était attendu à Paris, l'occasion semblait propice pour le rappeler au respect des quelques droits élémentaires que l'Europe reconnaît aux civils, fussent-ils citoyens d'un Caucase lointain. Affable, le ministre tint à préciser que, si les hommes de plume se doivent d'alerter le public lorsque des normes fondamentales sont bafouées, les politiques sont tenus et retenus par un nécessaire pragmatisme.

---

1. A.G., *Le Figaro*, 14 septembre 1995.

Nous évitâmes les clichés qui introduisent les piètres dissertations du bac philo, morale et réalisme, conviction et responsabilité, éthique et politique, s'excluent, s'excluent pas. Les massacres perpétrés par l'armée russe et tolérés par les grands du moment heurtent simultanément les bons sentiments et l'intérêt bien compris de tous. Rappelant que, vingt ans auparavant, j'avais protesté contre l'invasion de l'Afghanistan par l'armée alors rouge de l'Union soviétique, je lui dis ma crainte que le scénario ne se répète : Moscou dix ans durant dévasta le pays, dans les ruines s'installèrent les plus gangsters, les plus fanatiques, d'où les talibans, d'où Ben Laden, et en fin de parcours la chute des Twin Towers. Une fois suffit, ne serait-il pas temps d'inciter la Russie à cesser de jouer les pompiers pyromanes ? Je ne dis pas qu'il acquiesçait ; il eut la politesse de m'écouter et, prisonnier de son calendrier, le ministre proposa de reprendre l'échange très vite.

Par le plus grand des hasards, la nouvelle entrevue tombait pile le matin où l'histoire bascula. La presse quotidienne publiait une lettre, devenue fameuse depuis ; signée par huit pays d'Europe, elle soutenait la position américaine. Angleterre, Espagne et Italie en tête, les huit désavouaient, sans ménagement ni consultations préalables, la France et l'Allemagne qui prônaient la non-intervention militaire en Irak

Au Quai d'Orsay la surprise était manifeste et totale. Prévu antérieurement, le déjeuner fut maintenu. En compagnie d'une dizaine de convives, directeurs d'hebdomadaires, éditorialistes, ci-devant « intellectuels », j'eus la primeur des réactions à chaud d'un ministre secoué, mais résolu. Dominique de Villepin plaida pour une France soucieuse des enjeux délicats et spirituels que semblait négliger une Maison Blanche absorbée par ses projets militaires. Berceau de la civilisation, l'ancienne Mésopotamie risquait d'être piétinée par une Amérique aussi inquiétante qu'un éléphant adolescent dans le magasin de porcelaine millénaire. Je force le trait, le ministre, toujours diplomate, nuançait son propos, mais n'en opposait pas moins radicalement le droit de la force et des armes, incarné par Washington, à la force du droit et de la culture, dont il s'estimait le héraut. Quel ne fut pas son étonnement quand, parmi tous ces gens de plume, un seul abonda dans son sens, renchérissant jusqu'à souhaiter une rupture nette et sans restrictions avec le « camp américain ». Un deuxième se tut, gardant son opinion par-devers lui. Mais les autres, tous les autres, chacun dans son style, conseillèrent la prudence.

Je me jetai à l'eau. Avec le côté abrupt et carré que donnent l'angoisse et la crainte de prévoir son pays isolé ou coincé dans les cordes, je suggérai, non sans le maximum de politesse dont je suis capable :

attention, casse-cou! Il n'est pas trop tard; évitant de s'embourber dans une opposition frontale et impuissante, la France peut avec panache, sans aucune vassalité, proposer une sortie par le haut et réunifier ainsi le camp de la démocratie. Qu'elle invite le Conseil de sécurité à constater : 1) depuis dix ans le maître de Bagdad se moque, il ne respecte pas les conditions du cessez-le-feu auxquelles il a dûment souscrit; 2) tortionnaire de son peuple, il n'est pas un interlocuteur acceptable et doit délaisser le pouvoir, soit de gré s'il accepte un exil plus ou moins doré, soit de force, à ses dépens. Rien n'y fit, la République avait opté pour une stratégie de tension transatlantique.

J'insistai. Dans un premier temps, Paris et Washington ont réuni l'unanimité pour sommer Saddam d'obtempérer, pourquoi démolir si bel ouvrage? Le déploiement de forces aux frontières de l'Irak et l'inflexibilité américaine participent de la pression nécessaire, pourquoi s'en priver? Je citai Pascal : « Ne pouvant faire que ce qui est juste fût fort, on a fait que ce qui est fort fût juste. » L'invocation fut inutile. Paris décréta que le plus fort était le plus injuste et mobilisa l'opinion publique mondiale, la rue européenne et des masses musulmanes moins massives que prévu pour vouer aux gémonies une intervention « illégale » et « immorale ». Trois semaines plus tard, Dominique de Villepin prend

vertement le contre-pied de la pensée pascalienne
Lors d'un discours enflammé, prononcé à Londres, i
martèle : « La force doit être mise au service du
droit. Elle doit être encadrée par le droit afin de ren
verser la proposition de Pascal [1]. » Elle « doit ». Elle
« doit ». La péremptoire injonction tourna vite au
vœu pieux, la France n'« encadra » rien, et Pascal
eut tôt fait de savourer sa revanche à titre posthume :
« La justice sans la force est impuissante. » Mieux
encore, Saddam Hussein évincé *illico presto* par la
force, la population irakienne ne bouda pas cette
tardive justice, elle entrouvrit les charniers et se
recueillit devant les corps des siens.

La politique française ne change pas de cap malgré les déconvenues, elle a perdu la guerre, mais
elle espère gagner la paix. Loin de se reconnaître en
état de faiblesse, elle compte opposer la force à la
force. Aux Américains la puissance brutale de
l'action militaire. A la France la force tranquille
qu'outre-Atlantique on nomme « *soft power* », cette
influence qu'assure la puissance conjuguée de
l'économie et de l'opinion, Pascal encore : « les
cordes de l'imagination ». Toute l'intelligence française et historienne, Ecole des Annales en tête, ne
proclame-t-elle pas depuis 1920 que, dans la longue

---

1. *Le Monde*, 26 mars 2003. Discours de Dominique de Villepin à l'Institut international d'études stratégiques de
Londres.

durée, seule compte la lente évolution des mœurs et les avancées de la production matérielle? Les batailles et les grands personnages encombrent les tréteaux de l'actualité, mais c'est dans les coulisses que se nouent nos destins. Conclusion : si notre Europe communautaire est un double géant, économique par la grâce de l'euro et moral par la voix de la France, elle ne saurait demeurer plus avant un misérable nain politique. Vingt-cinq Etats, représentant un demi-milliard de citoyens éduqués et souvent prospères, voilà qui pèse et pèsera davantage quand l'axe Paris-Berlin-Moscou unifiera un continent encore balbutiant. Qu'on se le dise! Nous venons d'assister au prélude d'une Europe-puissance qui finira bien par damer le pion à qui vous savez.

« Le désaccord sur l'Irak a conduit l'Alliance (atlantique) au seuil de l'écartèlement », relève André Fontaine [1]. On lui doit la décapante histoire d'une guerre froide émaillée naguère de multiples et intenses « malentendus transatlantiques », jamais pourtant ils n'avaient provoqué pareille fracture. Il serait pataphysique en effet de célébrer à nouveau la communauté des valeurs cultivées par les uns et les autres en oubliant que c'est précisément au nom de ces valeurs que les uns et les autres se sont excommuniés, transformant d'augustes assemblées

---

1. *Politique internationale*, mai 2003.

19

internationales en arènes impitoyables, prenant à témoin de leurs indignations et de leurs invectives le téléspectateur mondial, et dépêchant sur les cinq continents des missi dominici qui sommaient petits et grands de « choisir leur camp ». Inutile, après coup, de réduire l'événement à une futile mise en scène – « une guerre pour rien », « une bataille pour la galerie », « un coup d'épée dans l'eau », « un leurre ».

Avec qui, contre qui existons-nous ? Les Européens emportés dans la Bérézina diplomatique du conflit irakien ignorent à quels saints se vouer et se disputent le démon à exorciser. Rien ne serait plus calamiteux que d'occulter après coup la grave crise identitaire d'un vieux continent qui ne sait plus ou pas encore dire « je ». Ni la merveilleuse réussite de l'unification monétaire, ni les aménagements institutionnels des « sommets », « rencontres » et « conventions » ne font oublier la panne mentale du premier ensemble économique du monde, tout à coup cacophonique et paralysé. Force est de constater combien la banque de Francfort, les bureaux de Bruxelles et le Parlement de Strasbourg gèrent un désert conceptuel. On prévoit d'ici peu, pour parler d'une seule voix, l'intronisation d'une sorte de ministre des Affaires étrangères... Qu'eût-il pu faire, début 2003, sinon rester muet ou pantalonner dans le vide ?

La très vive altercation qui enragea nos ministres et mobilisa la rue européenne confronta deux « camps » que les journaux baptisèrent à la va-vite « de la paix » et « de la guerre ». Du côté « paix » se dressaient une minorité de gouvernements et des majorités de sondés – images instantanées d'une opinion publique volatile ; pour eux, qu'ils fussent pacifistes ou tenants d'une Europe-puissance, George W. Bush était l'ennemi principal. Du côté « guerre », il y avait une majorité de gouvernements et une poignée d'intellectuels, soit les fidèles de l'alliance atlantique et de la solidarité des démocraties occidentales ; pour ceux-ci l'ennemi principal était Saddam Hussein.

Loin d'être anecdotique et limité à l'affaire irakienne, un tel désaccord s'annonce crucial ; au plus fort de la brouille, Dominique de Villepin estima que s'affrontaient ainsi « deux visions du monde ». Pareille formule ne laisse pas d'apparaître emphatique, elle est censée désigner la somme existentielle de nos engagements fondamentaux en matière de politique, de culture, d'économie et de mœurs. Après en avoir longtemps abusé, les professeurs de philosophie évitent aujourd'hui de se réclamer d'une « vision du monde », prétention englobante qui procède souvent du fourre-tout. Disons plus sobrement que les deux « camps » divergent dans leur évaluation de la situation mondiale, des risques qui se profilent et des défis à relever. D'où deux stratégies concurrentes et souvent antinomiques touchant l'avenir de notre continent.

La France et l'Allemagne, rejointes par la Belgique et le Luxembourg, proposent un schéma simple et clair d'autoaffirmation de l'Europe, qui vaut déclaration d'indépendance. Les Européens se posent en s'opposant. Ils doivent rompre avec « l'Empire américain » et devenir les hérauts d'une « multipolarité » pour équilibrer l'unique super-puissance. La Russie, la Chine et le supposé « monde arabe » acquis, l'Inde, l'Amérique latine ne sauraient manquer de rejoindre cette coalition anti-hégémonique qui tiendrait en échec la volonté de puissance américaine. Inutile d'entrer dans les détails, derrière un tel programme on retrouve une grille de lecture on ne peut plus traditionnelle ; le nouvel équilibre mondial « multipolaire » n'est que la copie conforme du vieux modèle de l'équilibre européen géré tant bien que mal par quelques grandes capitales de 1648 à 1914.

Le credo antiaméricain de cette Europe-puissance conjugue les slogans anti-impérialistes de l'Internationale communiste d'antan et les sentiments d'hostile rivalité que le Quai d'Orsay de toujours cultive touchant la perfide Albion et l'envahissant oncle Sam. Dans la même veine, de multiples ouvrages, aussi bien français, allemands, italiens ou américains, de droite comme de gauche, dorment dans les bibliothèques et peuplent par vagues successives les librairies. Les vitupérations vieilles d'un siècle visant Wall Street puis Hollywood sont à peine rafraîchies par l'incrimination de CNN, McDo, Coca et du FMI. Des générations d'académiciens, de Georges Duhamel à Maurice Druon, ont rarement oublié de maudire l'inculture yankee tandis que, sous la conduite de Maurice Thorez et de José Bové, les démunis sont appelés à défiler contre le « système », contre le *Kapital*, l'impérialisme et la mondialisation. Courons, le vieux monde et les anciennes pensées sont devant nous !

Quoi de neuf sous le soleil du XXIe siècle ? Rien pour les pacifistes et rien pour les partisans d'une Europe-puissance rivale des Etats-Unis. Tous rejettent l'argumentaire de Washington. Le nouveau défi terroriste relève, quand ils en tiennent compte, des moyens ordinaires de la répression du grand banditisme, de l'économie politique et de la thérapeutique psychologique. A brève échéance, Interpol et la collaboration des polices nationales doivent éradiquer les promoteurs d'attentats suicides. A long terme, le paupérisme, supposé cause unique du désordre mondial, appelle les médications concurrentes et complémentaires concoctées à Davos ou à Porto Alegre. Entre-temps, de nécessaires pilules psychiatriques devraient être administrées aux malheureux Américains égarés après un grand choc, obsédés, névrosés, voire, suivant les diagnostics, schizos ou paranos. La chute des Twins Towers passe ainsi pour simple fait divers, quelque peu gonflé et dramatisé par sa diffusion « *live* » en mondiovision. Invoquer ce détail deux ans plus tard comme s'il s'agissait d'un tournant majeur de la politique mondiale relève de la mauvaise foi, d'une « cervelle de moineau » tombée dans un nid de « faucons », ou des hallucinations d'un pays désaxé. Ici notre vision du monde tourne à l'esprit de système, ou plus exactement, comme l'écrit Doderer, à « un refus d'aperception élevé au rang de système ».

Les non-Américains veulent dormir tranquilles. Ils se persuadent : la menace nihiliste concerne les Etats-Unis et eux seuls. Pas de fumée sans feu, le Number One l'a cherché, l'Empire est puni, sa violence se retourne contre lui, c'est la loi du boomerang. Corollaire de cet escamotage psychologique : il ne faut pas surévaluer l'importance des explosions du 11 septembre. Un bel esprit n'y a vu qu'« escarmouches de nomades ». Entre nous, que s'est-il réellement passé, le quatrième avion n'est même pas tombé sur le Pentagone, les Tours jumelles se sont suicidées, la CIA mène le jeu, à défaut du Mossad, et si la banque américaine a tremblé sur ses bases, le monde en a vu d'autres. L'anti-Américain rassure l'Europe et l'univers, que de jérémiades pour peu de choses somme toute. O.K., les Yankees sont trauma-

tisés, mais qu'ils nous lâchent ! Leur phobie du terrorisme ne nous concerne pas, attendons qu'ils se
calment. Lorsque le sage désigne la lune, l'imbécile
regarde le doigt. Lorsque, après la boucherie de
Manhattan, une population se sent en danger, l'anti-
Américain accuse cette population. Tempêter
contre la Maison Blanche permet de forclore l'événement nihiliste.

*

Et si, n'en déplaise aux repus de la tranquillité, le
plus grand attentat terroriste de l'Histoire nous
révélait une mutation essentielle dans les rapports
de force, voire une révolution dans l'idée même du
fort et de la force ? Telle fut, en tout cas, l'intuition
immédiate du téléspectateur planétaire s'accordant
sans problème à baptiser « *Ground Zero* » Manhattan dévasté. Nul n'objecta à l'appellation, personne ne revendiqua les droits d'auteur, les parrains
demeurèrent anonymes et diffus, il allait de soi
qu'on pût mettre en parallèle l'aventure des avions-
bombes humaines et l'explosion de la dernière
charge expérimentale atomique quelques semaines
avant Hiroshima (dans le désert du Nouveau
Mexique, sur un périmètre désigné « *Ground
zero* »). Ainsi, avant toute interprétation, théorisa-
tion, manipulation, médiatisation, le 11 septembre
2001 fut vécu à chaud par ceux qui le subirent

comme par ceux qui le contemplèrent – la terre entière – dans l'horizon d'un Hiroshima bis. Intuition ineffaçable d'un inattendu terrorisme d'ampleur nucléaire à disposition de n'importe quel acheteur de cutter.

Du jour au lendemain, l'humanité s'est découverte nue, exposée sans défense au défi postnucléaire. Une capacité de dévastation massive, privilège jusqu'alors de quelques-uns, se vautre à la portée de toutes les mains, de nombreuses bourses et de millions de têtes fanatisées, manipulées ou quelque peu dérangées. Seul un optimiste inoxydable peut s'imaginer à l'abri. Les stocks pétroliers ou les centrales nucléaires civiles sont-ils plus invulnérables aujourd'hui que ne l'étaient les Twin Towers hier ? Les amoureux de la destruction proliférant çà et là, qui pourrait exclure un Tchernobyl délibéré ? « Chaque matin nous serons à la veille de la fin des temps. » L'adage date de 1945, après Nagasaki, lorsque Jean-Paul Sartre énonçait un sentiment très général. « Nous voilà revenus à l'an mille, chaque matin... » Ce n'était pas encore l'an mille, l'arme apocalyptique demeura, un demi-siècle durant, le monopole d'une poignée de grands et supergrands. Sur notre bout d'Europe, le parapluie américain protégea nos existences paisibles. Désormais tout fout le camp. Le pouvoir dévastateur s'est « démocratisé », il a suffi d'une lame, de quelques billets d'avion et d'une bonne dose de cruauté pour provoquer des dégâts « hiroshimesques ». En avril 1994, sous nos yeux, nous l'avions oublié, de simples machettes dépassèrent, au pays des mille collines, tous les records (quantité/temps) en matière de génocide.

L'avenir de notre espèce se décide ainsi au coin de la rue, dans les cafétérias des universités, voire dans la pénombre des mégabidonvilles qui fleurissent la planète : « Il faut que chaque jour, à chaque minute, l'humanité consente à vivre », concluait Sartre, en avance de cinquante-cinq ans. A l'évidence une insécurité aussi radicale et imprévue excède le cadre des plans vigipirates ordinaires.

*

Sous sa carapace de bigot baptiste, Georges W. Bush serait-il en vérité sartrien ? Nul ne l'en suspecte. Il l'ignore lui-même, l'idée pourrait le faire frémir. Et pourtant ! Sous le coup de l'événement, il en fit la confidence à haute et intelligible voix. Quelques mots sacrilèges, inaperçus des critiques comme des thuriféraires, brisèrent l'harmonie préétablie du meilleur des mondes américain. Lors du discours sur l'état de l'Union, le président des Etats-Unis osa une petite musique qu'aucun de ses prédécesseurs n'avait su ni concevoir ni distiller : « *Time is not on our side* », le temps ne travaille pas pour nous ! Coup de tonnerre dans un ciel jadis si limpide. Dites-vous que, jusqu'à l'instant de cette profanation, les Américains croyaient avancer d'un pas ferme dans l'Histoire, « *With God on our side* », et Bob Dylan de se moquer. Dieu, le temps et l'Amérique rythmaient le progrès universel. C'est fini ! Terminé ! Et ce de l'aveu même d'un Number One que l'on sait parfaitement imperméable aux sirènes contestataires. Les enfants des écoles auront beau entonner « God bless America » et le dollar poursuivre sa référence et sa révérence à l'Etre suprême, rien n'y fait. Rien n'y fera. La Providence divine, technologique ou financière ne garantit plus, envers et contre tout, la marche vers le bonheur de l'Amérique et du monde. Pour ne pas heurter la fierté anglo-saxonne, disons que l'Amérique et son président redécouvrent Shakespeare, plutôt que Sartre. Ils réapprennent que l'histoire est tragique : « *The time is out of joint.* » Le temps est sorti de ses gonds.

Les « camps » qui divisèrent l'Europe à l'occasion de la crise irakienne ne sont en rien ceux « de la paix » et « de la guerre », ils regroupent plus exactement les attardés du 10 septembre et les réveillés du 11. Les premiers, France et Allemagne en tête, imaginent un monde régi par une « multipolarité » de puissances souveraines se garantissant mutuellement, contre le N° 1, le droit de faire tout et n'importe quoi dans le domaine dévolu à leur domi-

28

nation. Charbonnier est maître chez lui, à chaque boucher son troupeau, à Saddam son peuple. A l'opposé, les seconds, Angleterre en tête, en appellent à la conscience d'une solidarité des périls ; une tyrannie sise aux antipodes a pu détruire le cœur de New York, la puissance de nuire bricole sans frontières.

Oublieuse d'une histoire périlleuse, l'Europe courait le risque de s'encoconner dans son bonheur d'exister à huis clos. En décolonisant, elle avait cru s'isoler des affaires du monde et s'enfermer dans une bulle géostratégique. « La Corrèze plutôt que le Zambèze ! » Si de nos jours tant d'Européens ont refusé l'intervention en Irak, c'est qu'ils imaginaient Bagdad comme un lointain Zambèze. Pathétique déni de Manhattan ! Dans l'Europe classique issue du traité de Westphalie, les grands Etats décidaient souverainement de leur mode d'existence. La survie était rarement en cause : on se faisait la guerre pour des terres ou du prestige. Puis les guerres mondiales et les totalitarismes développèrent l'art d'anéantir. Mais les empires revendiquaient une prise sur l'avenir. Hitler et Staline se vantaient de résoudre les problèmes du capitalisme et de parvenir au-delà des crises. Les totalitarismes se réclamaient encore d'un projet industriel, social, économique. C'était corrélé les grands ajoutaient la puissance de faire à la puissance de défaire. Après la chute du Mur, la fin de l'équilibre de la terreur a supprimé l'équilibre mais pas les terreurs.

A ceux qui ne peuvent se définir européens qu'en se dressant d'un bond contre l'Amérique, sa puissance et son insolence, à ceux qui se targuent d'une profonde division culturelle d'une rive à l'autre de l'Océan – eux c'est eux, nous c'est nous –, je réponds : certes ! vous n'avez pas tort, mais pourquoi s'arrêter indûment en chemin ? Pourquoi compter une seule « culture » anglo-américaine là où les Américains multiplient les distinguos, vilipendant ou exaltant la culture mass-médiatique, élevant sur le pavois le jazz et les negro spirituals ou rejetant Satchmo et Eminem dans les poubelles de la « subculture » ? Le cinéma américain est italien, allemand, suédois, ukrainien, juif, musulman, chinois, anglais parfois, cosmopolite toujours, à New York l'élite, vers Hollywood le tout-venant. Un pêle-mêle plus métissé et ouvert qu'impérialiste. L'Amérique, c'est la tour de Babel triomphante, un pays monde où la terre entière s'est donné rendez-vous [1].

A l'inverse, cette idée farfelue que, en face, chez nous, sur notre continent, trônerait une seule et unique « culture », relève du fétichisme, et l'« excep-

---

1. Rendez-vous très difficile, cependant, à l'échelle de trois ou quatre siècles... plutôt réussi selon D. Lacorne, *La Crise de l'identité américaine*, Gallimard, Tel, p. 336.

tion culturelle européenne » du plus grand comique.
D'où naît cette illusion qu'entre les cultures française et allemande, entre les esprits italien et suédois, polonais ou espagnol, les distances seraient plus courtes que celle supposée euro-américaine ? Ajoutez, de surcroît, que chaque bout de terrain se félicite de ses propres nuances. Français ou Italiens s'enorgueillissent de monopoliser les grands écarts, de Brest à Strasbourg, de Naples à Turin, et tous de se croire plus divers entre eux qu'ils ne le sont de leurs voisins immédiats. Il y a plus d'un siècle, Ferdinand de Saussure proposait de considérer chaque langue comme un « système de différences », il éliminait ainsi le fantasme d'une clôture nationale-linguistique, du *Volksgeist* romantique. Chaque culture s'affiche elle aussi comme un système de différences, ce qui interdit qu'on la borne de quelque frontière naturelle ou d'une ligne Maginot artificielle. Ni le Rhin, ni l'Atlantique ne sont assez profonds, ni les Alpes ni les Pyrénées assez hautes pour interrompre l'interpénétration des idées et la circulation des sentiments.

Ravivée, aujourd'hui, avec force, cette volonté de séparer au couteau culture européenne et culture américaine participe d'un désarroi intellectuel et d'un mouvement de recul plus général devant un gouffre soudain entrouvert. A l'approche du danger, les autruches, dit-on, plongent la tête dans le sable. Pour esquiver la stupeur du 11 septembre, les élites européennes s'étourdissent de la poussière du temps. Dans la panique, la « vieille Europe », « riche d'une histoire millénaire », fabrique une planisphère confortable pour fuir les terrifiants pépins de la réalité. On se bricole des Occidents : une Europe soucieuse des droits du citoyen, sereine, à l'abri de tout avion suicide ; des Etats-Unis, tantôt impérialistes et belliqueux, tantôt isolationnistes et égoïstement autistes, sitôt punis par où ils pèchent. On invente des barrières à foison pour protéger son bac à sable. On prétend compter, avec Huntington, sept à huit civilisations découpées suivant un pointillé de religions en vérité partout malades, parfois agonisantes, toujours également impuissantes à contenir les débordements de violence qu'elles lèvent [1]. Ou encore, on imagine fusionner l'ensemble immaculé des démunis et des petits contre l'Empire (américain) des puissants et des riches, deux fronts immémoriaux mais toujours vivaces, alignés par la longue cohorte des prophètes infaillibles Karl, *ergo* Vladimir, *ergo* Joseph, *ergo* Fidel, *ergo* Negri. Autant de partages arbitraires pour occulter une évidence, qui mûrit depuis la Grèce d'Homère et que le xxᵉ siècle planétarisa, une certitude qui crève les yeux à l'aube du xxiᵉ siècle : nous sommes tous passagers d'un potentiel *Titanic*.

---

1. Pascal Bruckner, « Samuel Huntington ou le retour de la fatalité en histoire », *Esprit*, novembre 1997.

Une civilisation ne se définit pas par l'unité des goûts, des couleurs et des modes. L'impérialisme du McDonald's coexiste civilement avec l'impérialisme encore plus envahissant de la pizza. Une civilisation c'est un antidestin. La Grèce antique s'éparpillait en cités rivales et hostiles, autant de Constitutions, autant de « souverains biens » exclusifs les uns des autres. Plutarque et Varron en comptaient plusieurs centaines. Il n'empêche, à Delphes comme à Sparte, l'ensemble des Hellènes partageaient un même sentiment des périls extérieurs (guerre) et intérieurs (*hybris*) qui menaçaient leur survie collective. La commune idée du pire, cette prescience ou ce pressentiment des fléaux évoqués dans les litanies millénaires (*a fame, peste, bello, libera nos, Domine*), unifia jadis l'Europe chrétienne, divisée pourtant entre Rome et Byzance, le Sacerdoce et l'Empire, les guelfes et les gibelins, puis entre les Etats modernes naissants. N'en déplaise aux illusions qu'elle se mitonne, la civilisation s'unit avant tout *contre*. Contre ce qui la détruit. C'est le sentiment commun de l'adversité qui lui permet, après coup, secondairement, de communier en des « valeurs » dont la positivité demeure sujette à équivoque, variations, et par là même à changement, voire amélioration. La civilisation planétaire du XXIᵉ siècle fait Un, non parce qu'elle confesse une même idée du paradis – Dieu sait qu'il n'en est rien – , mais parce qu'elle est hantée, bon gré mal gré, par une vision de l'enfer qu'au xxe siècle l'Arménie, Auschwitz, le Goulag, le Cambodge, le Rwanda lui ont inoculée. C'est l'abîme que Manhattan évoque en mondiovision. Encore convient-il pour déchiffrer le message de ne pas reculer d'effroi devant l'effroi.

Surprenante incompréhension mondiale dès qu'un Américain ouvre la bouche! Qu'est-ce qui choque dans le discours de George W. Bush? Qu'il se réclame du Bien? Allons donc! Il est loin d'être seul, ce tic est le péché mignon des leaders politiques. Est-ce parce qu'il trébuche et parle de « croisade », soulevant, à juste titre, réticences et récriminations? Le mot est pollué, il s'en rend compte, se corrige dans la journée, va à la mosquée pour prononcer des paroles appropriées, autocritiques et apaisantes. En Amérique, les hommes politiques reconnaissent parfois plus facilement qu'ailleurs les erreurs qu'ils commettent (quitte à se voir taxer de girouettes), ils ne se prennent pas définitivement pour des anges. (Devinette : alors que toute la communauté internationale est coupable de crime d'indifférence dans le génocide des Tutsis, un seul chef d'Etat vient à Kigali implorer le pardon pour sa passivité, donc sa complicité, lequel? Clinton.) Ne vous trompez pas, ce qui heurte dans l'affirmation touchant « l'axe du mal », comme par le passé dans l'appellation « empire du mal » dont Ronald Reagan coiffait l'URSS, ce n'est pas « axe », ce n'est pas « empire », c'est « mal ».

Ce qui me choque en revanche, c'est l'incapacité de tant d'experts, tant de politiques et de gens ordinaires à travers le monde de dire au présent : Saddam c'est mal, Manhattan c'est mal... L'affirmation est jugée incongrue voire obscène. Les beaux esprits posent aussitôt de pudiques bémols. Günter Grass, exemple emblématique de la dénégation, déplore trop de tapage orchestré « pour trois mille blancs tués ». Au-delà du déni de réalité (il est facile de constater que les « Blancs » ne sont pas seules victimes des attentats, loin de là), par-delà le chiffre de trois mille qui lui paraît insuffisant au regard d'autres tueries, il réduit la qualité du crime à la quantité et à la qualité des morts. Il relativise, donc se tranquillise, aveugle à la nouveauté de ce mal précis.

Les terroristes se sont arrogé à la face du monde le droit de tuer n'importe qui. Et ce principe du « n'importe qui » annonce l'assomption d'un nihilisme dont Dostoïevski reniflait la puanteur dans la Sainte Russie. Ce « mal » que nul ne veut nommer dans nos salons postmodernes de peur d'être taxé d'indécence moralisante, les Américains le désignent car, au-delà de la morale, il recouvre des réalités très concrètes et tranchantes. A ne pas nommer le mal on évite de le combattre. Aristote pointait que « la méchanceté humaine est quelque chose d'insatiable », Machiavel moquait les belles âmes qui susurrent « il est mal de dire du mal du mal ». Et

Pascal de reparaître : « La justice sans force est contredite parce qu'il y a toujours des méchants. »

Les Européens affrontent désormais non plus l'adversaire absolu et unique propre à la guerre froide, mais une adversité polymorphe non moins implacable. Je la nomme nihilisme. Hitler est mort, Staline enterré, mais les exterminateurs prolifèrent. N'oublions pas que près de la moitié de l'humanité a salué plus ou moins discrètement l'exploit de Mohammed Atta. L'avenir reste en suspens. Pour exister, l'Europe doit relever ce défi post-nucléaire. Avec, et non contre, les Etats-Unis. La question des questions n'est pas multipolarité ou hégémonie, mais nihilisme ou civilisation.

2

Drôle de paix

« Les sauvages qui commettent ces forfaits
sont effrayants, et les civilisés qui les laissent
commettre sont épouvantables. »

Victor Hugo.

Le mot GUERRE terrifie. Son emploi appelle les délicatesses propitiatoires de qui évoque le cancer, le sida ou la folie. Nous ruminons ces vocables à voix basse, comme s'il fallait conjurer la chose en exorcisant sa désignation. Aussi, quand les autorités transgressent l'interdit et n'ont soudain que le mot à la bouche, éveillent-elles délibérément craintes et tremblements. Il y a dix ans, tandis que les massacres en Yougoslavie atteignaient leur vitesse de croisière morbide, l'élite occidentale prêchait les vertus de la non-intervention. La tautologie se fit alors solennelle et le canular ne prêta plus à sourire. C'était dégoûtant ! « Quelle mère souhaite voir son fils mourir pour Dubrovnik ? », interrogeait le président de la Commission européenne. Quelle mère

souhaite voir son fils mourir, en effet ? Qui oserait
« ajouter la guerre à la guerre », adjurait le président de la République d'alors. Balayant d'un
revers de main les rares objections bredouillées
dans l'hémicycle d'une Assemblée nationale
muette, le ministre des Affaires étrangères en poste
sommait les parlementaires « bellicistes » de se
faire connaître. Les paroles tonnent, mais font
perdre le sens des proportions. Le message glace
moins pour ce qu'il dit que parce qu'il est dit.
Lorsqu'on parle de guerre avec cérémonie, c'est la
guerre elle-même qui se fait entendre et anticipe
l'effroi qu'elle diffuse. La panique saisit. Nous voilà
au tourniquet. A peine mentionnée, la guerre
récuse in vivo les prudences verbales ou les effets
de manche qui prétendent émousser son tranchant.
Résultat : le mot couvrit la chose. Refusées,
récusées, honnies par un Ouest bien-pensant, les
guerres fleurirent et purent d'autant plus librement
ensanglanter huit ans durant, en veux-tu en voilà,
au centre de notre continent, Vukovar, Sarajevo,
Gorazde, Srebrenica. Aujourd'hui les exécuteurs
sont inculpés de crimes contre l'Humanité, mais la
chanson « antiguerre » n'a rien perdu de sa suffisance et cavale en tête du box-office universel.
« *Avoir la paix*, le grand mot de toutes les lâchetés
civiques et intellectuelles [1]. »

---

1. Charles Péguy, *Note conjointe sur M. Descartes...*, œuvres
en prose, La Pléiade t. II, p. 1491.

Comment les mots emprisonnent

Quoi de plus naturel que d'hésiter devant l'épreuve de force ? Femmes de lettres, garçons de course, docteurs en médecine ou honoris causa, ménagères, intellos, retraités, étudiants, tous sont paralysés. Qui use du stylo éprouve une saine réticence à faire crépiter les M16. Qui éduque, soigne, conduit les bus, poétise, navigue sur le net, ne se connaît pas d'aptitude particulière pour conseiller bombardements et offensives éclairs. Qui couve ses enfants répugne à les jeter dans la castagne. Rien d'infamant par conséquent dans les réticences du public. Son inquiétude est d'autant plus fondée qu'il ne domine pas le cours des événements, et pas davantage les visées et les possibles billevesées de lointains états-majors, toujours à la merci d'imprévus dérapages, bavures et contretemps. Puisqu'il se trouve que (par choix de chercheur et hasard de naissance pour être tombé dedans) les conflits violents furent le souci constant de mes réflexions, je comprends d'autant mieux ceux qui, courant d'autres lièvres, évitent tout engagement intempestif. Je plaiderai volontiers la cause des majorités silencieuses qui pèsent sagement le pour et le contre. Seuls m'offusquent les cris et la fureur de ceux qui résolvent le problème avant même de le poser, se contentant de conjuguer à l'infini – la paix

c'est bien, la guerre c'est mal. L'enfer est pavé de
vœux pieux.

L'actualité nous assaille. La souffrance des uns,
l'énergie des autres, les soupirs et les calculs, les
imprécations et les implorations nous télé-hantent.
La tentation tenaille d'avoir réponse à tout : si la
guerre, quoi qu'il advienne, est la plus sale et la plus
condamnable des issues, inutile de se mettre martel
en tête, la paix soit avec nous ! Comment n'y avoir
pas songé plus tôt ? Depuis le néolithique, l'humanité taille ses haches, puis forge des piques et se
prépare aux mille soleils de l'énergie nucléaire,
alors que, paraît-il, il lui eût suffi d'un geste, d'un
seul, pour placer la « chose » hors jeu. Hors la loi,
disent les juristes. Hors morale, proposent les religieux. Hors culture, conviennent les artistes. Hors
sujet, assurent les sondés. Hors de question, pro-
gramment les politiques au nez fin. Rien de plus
simple que de s'affirmer contre « la guerre ». Rien
de plus suffisant que de jurer n'en excuser aucune.
J'admets volontiers qu'on erre, qu'on tergiverse,
qu'on se détourne, qu'on prenne un parti, puis
l'autre, qu'on se reprenne, qu'on change d'avis,
mais je redoute les toboggans de la paresse mentale
où l'on glisse allègrement sur la difficulté. L'immaculé bienheureux qui défile « à bas la guerre ! »
marche sur un nuage. Et va droit dans le mur.

Du thé avec un soupçon de lait ! s'il vous plaît. *On the rocks*, please. « *Make tea not war* ! » proclamaient les pancartes brandies à Londres. En Allemagne, la préférence allait à « Johnny Walker » pour insinuer dans la même veine drolatique : mieux vaut boire tranquille qu'épouser la violence du monde. L'égoïste crie vive la paix, pense vive ma paix, et signifie qu'on me fiche la paix. Après coup la fièvre retombe jusqu'à la prochaine occasion. Les manifestants ne manifestent plus, ils sont retournés à l'heure du thé, ou de l'apéro. Qu'ont-ils appris ? Rien. Peu leur importe la chute du dictateur et la satisfaction de ce peuple irakien dont ils firent mine parfois de se préoccuper avec une emphase qui fleurait bon son mensonge de circonstance. Il n'y a pas de leçon de l'Histoire, remarque Hegel, sinon celle-ci : qu'il n'y a pas de leçon de l'Histoire. Demain, bonnes âmes, princes immaculés, experts ès apocalypses annoncées et prêcheurs en eaux troubles retrouveront, comme si rien ne s'était passé, leur consensus quasi religieux.

Le discours de la paix, qui remua les foules planétaires et faillit gagner la partie, s'arc-boute sur deux inébranlables convictions : la guerre est détestable, la paix est adorable. Néanmoins ces remarquables platitudes ne constituent pas un barrage imparable, le doute rit sous cape. Nous n'ignorons pas que les déclamations rhétoriques se renversent en un tournemain. Très vite les raisonnements dérapent pour peu qu'on les prolonge : il n'est pas aisé de publier *urbi et orbi* une déclaration de paix au massacreur de Bagdad, comme il n'était pas facile de faire ami ami avec les assassins de Bosnie. Pour ne pas ajouter une guerre à toutes les guerres que nous exécrons, allons-nous définitivement laisser les crimes s'ajouter aux crimes ? Il faut pour sauver notre quiétude morale que le discours de la paix se double en douce d'un discours de la guerre. Pas commode de crier longtemps, en toute innocence, vive la paix ! quand il s'agit de la paix des fosses communes. Difficile de se raconter des histoires sachant qu'on prolonge un statu quo mortel, accordant longue vie au bourreau qui eût pu à loisir poursuivre sa besogne et supprimer la vie de ses concitoyens – à raison de quatre cent trente par jour, moyenne calculée sur trente années de règne. Plus fort que « vive la paix » c'est « à bas la guerre » qui l'emporte. On oublia vite Saddam Hussein. Une créature autrement féroce, sortie d'un chaudron démoniaque où guerre, B52, faucons, empire se mêlaient dans une sorte d'équivalence, s'était emparée des esprits les plus sains.

La diabolisation du président des Etats-Unis, Grand Satan commun aux islamistes et aux pacifistes, est une composante essentielle du dispositif antiguerre. Puisque l'ennemi principal siège à

Washington [1], peu importe de laisser en place le petit diable qui sévit à Bagdad. Le camp de la paix réussit ce tour de force de conjuguer les humeurs ultrabelliqueuses (tous contre Washington!) et les élévations angéliques (paix à Bagdad!). En 1913, par centaines de milliers les pacifistes défilaient dans les capitales européennes contre les trois ans de service militaire (à Paris), pour le socialisme et l'internationale ouvrière (à Berlin). En 1914, des foules aussi considérables acclamaient la mobilisation générale : A Berlin! *Nach Paris!* En 2003, miracle, les fureurs agressives et les euphories évangéliques se confondent. Le manifestant déclare la guerre au Pentagone et la paix à l'Irak. Il ne s'inquiète d'aucune conséquence. Et d'aucune inconséquence. Il attend que la magie des mots opère.

Il faut être « athée en politique », recommandait Stendhal. Ne pas être athée c'est croire au bon Dieu... ou au diable. On me dit qu'il existe des Américains qui prêtent à leur Président une infaillibilité quasi divine. Ils ont évidemment tort. Mais

---

1. « Certains gouvernements sont certes si dangereux que leur disparition représenterait un avantage pour le monde entier. Mais cela ne saurait justifier de prendre le risque que représente, pour la planète, une puissance mondiale qui, à la fois, se désintéresse d'un monde qu'elle ne comprend pas et peut intervenir par la force armée contre quiconque lui déplaît », E. Hobsbawm, *Le Monde diplomatique*, juin 2003.

non moins absurdes sont ceux qui autour de moi, dans notre bonne Europe, ostracisent Bush et le couronnent source N° 1 des maux qui ravagent la planète. Croire à un malin génie méphistophélique, cause de tout le mal – vitupérer le « système », l'omnipotence arrogante de la Maison Blanche, le cow-boy sans scrupules ni bon sens – , n'est-ce point se laisser aller très religieusement à des exercices d'exorcisme qu'on croyait révolus au sein de peuples de « poètes et de penseurs », qu'ils fussent allemands ou français ? On a brûlé George W. Bush en effigie, on s'est plu à l'incendier d'anathèmes, avec la passion des enchanteurs de jadis piquant de leurs longues aiguilles une petite poupée afin de tuer à distance quelque créature supposée maléfique.

Et si le diable n'existait pas ? Tentons une expérience mentale à la portée de tous. Si Bush s'évaporait magiquement, le conflit Israël-Palestine s'éteindrait-il pour autant ? Si Bush avait perdu les élections, Saddam Hussein se serait-il abstenu depuis des décennies de tromper, envahir, gazer, torturer, exécuter sans hésitations aucunes ? Mettez Bush entre parenthèses, reste Ben Laden, qui n'a pas attendu les élections présidentielles pour préparer le plus grand attentat terroriste de l'histoire humaine. Reste Kim Jong Il bricolant ses fusées et quelques charges nucléaires. Remplacez Bush par

qui vous voudrez, Poutine serait-il moins enclin à
« buter jusque dans les chiottes » le malheureux
Tchétchène qu'exterminaient auparavant Eltsine,
Staline et Nicolas Ier? L'anti-Américain qui impute
toutes les misères du monde à la griffe omni-
présente des belliqueux de Washington me paraît
dépasser en bêtise la simplicité d'esprit qu'il prête à
ces prétendus maîtres du monde.

Comment a-t-on pu mettre sur le même pied
démocratie et dictature? Pourquoi les Français ont-
ils, sur l'échelle des préférences, accordé trois fois
plus de suffrages à Saddam Hussein (33 %) qu'à
G.W. Bush (11 %)? De bons esprits maintiennent
la sévérité de leur condamnation et s'étonnent
qu'on s'en puisse étonner. Ils affirment vivre
l'heure d'une « politique intérieure mondiale [1] ».
Ainsi, paradoxalement, les manifestants auraient
perçu le différend, non point comme une « affaire
étrangère », mais comme une « affaire intérieure »;
ils ont mené une campagne quasi électorale; ils
n'avaient pas en tête l'Irak et les Irakiens, ils répon-
daient tambour battant à la question d'un plébiscite
imaginaire; qui commande le monde? Sans se
demander si la question avait un sens, ils ont estimé
que la candidature de Saddam ne valait pas qu'on
s'y arrête et ils ont milité contre Bush. Ils ont voté
avec leurs pieds, avec leurs cris et leurs pancartes.
Et récusé le candidat américain dès le premier tour

---

1 J. Habermas et J. Derrida, *Libération*, 31 mars 2003.

de cette présidentielle. Seule comptait la nécessité de grossir l'immense cohorte d'électeurs fictifs partis à l'assaut d'urnes fantômes. Non! Bush ne serait pas président du monde! Il est rayé des listes pour illégalité, abus de pouvoir, fraude et manquements aux procédures habituelles. Il est mis au ban de l'humanité pour coups et blessures volontaires portés dans l'intention de nuire [1]. Etrange... Ces anti-Américains semblent s'estimer encore plus américains que les Américains. Ils s'inscrivent d'office sur les listes électorales de l'Etat fédéral. Ils volent pour voter, *hic et nunc*, aux quatre coins du monde. Sans souci des citoyens chargés aux Etats-Unis, en 2004, de réélire leur président ou d'en choisir un autre. Etrange délire, où se noie la démocratie.

Le problème de Saddam n'était pas de la même farine, personne ne l'a jamais élu, et si son pouvoir n'avait pas été balayé sous nos yeux, aucune majorité n'aurait eu le loisir de l'écarter paisiblement, ni en 2004 ni plus tard. Laisser les Irakiens se dépêtrer seuls, c'était avaliser la dictature. Depuis plus de trente ans, Bernard Kouchner, quelques amis et

---

1. Bush occupe ainsi la position du « mauvais démiurge » selon les gnostiques : « Le mauvais dieu est le dieu le plus utile qui fût jamais. Ne l'aurions-nous pas sous la main, où s'écoulerait notre bile? N'importe quelle forme de haine se dirige en dernier ressort contre lui... Sur qui d'autre nous décharger de nos lacunes, de nos misères, de nous-mêmes? » E.M. Cioran.

moi, prônons le droit et le devoir d'ingérence. Quand un régime met au supplice sa population, les sociétés heureuses se doivent d'intervenir par la parole et l'écrit certes, par l'assistance certes, par des pressions diplomatiques ou financières certes, et par les armes si nécessaire. Au lieu de s'embrouiller dans des comptes d'apothicaire touchant la détention d'un arsenal de dévastation potentiel ou réel, en projet, en programme ou en état de marche, le gouvernement des Etats-Unis eût gagné meilleure audience à plaider la cause des Droits de l'homme et du devoir d'intervenir.

« Liberté pour l'Irak », justice pour les Irakiens que nous avions abandonnés en 1991 à leur petite et grande mort, c'eût été un programme plus clair et par là plus efficace. La vérité est bonne conseillère. Tel est, je le suppose, l'avis de Paul Wolfowitz, N° 2 du Pentagone, lorsqu'il ironise après coup sur la commodité « bureaucratique » qui emporta une Maison Blanche invoquant les « armes de destruction massive », par souci de ficeler un impossible consensus et d'éviter, à tort, la discussion des principes. « Le traitement criminel du peuple irakien » était à l'époque l'accusation N° 3 portée contre Saddam Hussein. C'était mal échelonner les griefs. Pour secouer non pas la « bureaucratie » mais l'opinion publique mondiale, il fallait montrer les charniers, les tortures, la corruption. Big Brother et l'horreur parlent davantage aux cœurs et aux consciences que quelques fusées escamotées.

Les « coalisés », en plaidant, quasi exclusivement, le dossier des « armes cachées », commirent la même erreur – un temps seulement – que leurs contradicteurs : ils ont joué au jeu de la « politique intérieure mondiale ». En relevant une infraction, ils crurent motiver la descente de police. Ils « intériorisaient » l'affaire et se prirent à leur propre piège, car à l'intérieur d'un pays éclairé la police n'a pas tous les droits ; il faut une décision de justice, une commission rogatoire, un mandat de perquisition, un rappel de la jurisprudence et des recours légaux... La recherche « bureaucratique » du consensus le plus court déclencha un processus virtuellement infini de plaidoiries et contre-plaidoiries. Pour que la police se précipite sans plus tergiverser, il faut un flagrant délit. Saddam était en faute, pris la main dans le sac... mais depuis dix ans ! L'urgence ne paie pas de mine, on aurait pu la discuter pendant quelques années au rythme des inspecteurs lancés à la recherche infinie des aiguilles dans les bottes de foin. Quand on conçoit et perçoit les crimes d'un tyran extérieur comme relevant de la politique intérieure, qu'on soit bureaucrate du département d'Etat ou aigle à deux fêtes franco-allemand, le résultat est identique, zéro pointé. Et si pompeusement on ajoute l'étiquette « mondiale » à l'option de « politique intérieure », on produit l'inaction globale et universelle.

Platon méditant sur les raisons et les manières qu'ont les hommes de s'unir dans les cités en se dotant d'une existence politique commune évoque en passant, pour la rejeter, l'hypothèse d'une unification réduite au strict souci de la satisfaction des besoins élémentaires. Dans ce cas limite, les habitants formeraient une cité a-historique, sans politique extérieure, sans question dérangeante. Les problèmes de sécurité se verraient résolus comme par miracle, tandis que les difficultés morales seraient éliminées par définition, le cocooning généralisé étant postulé alfa et oméga du salut public. Platon, non sans sourire, baptisait cette cité de la santé la « cité des cochons ». La tentation d'y prendre ses quartiers n'épargne personne.

Vous avez dit « mensonge ! »

Juillet 2003, arrivée d'Hillary Clinton à Paris. Les journalistes l'interpellent, certains sans ménagements. Votre Bill de mari, alors président des Etats-Unis, vous a menti ainsi qu'à l'Amérique sur sa liaison avec Monica Lewinsky. L'actuel Président, George Bush junior, a trompé la terre entière touchant des armes de destruction massives (ADM) prétendument camouflées par Saddam Hussein. Lequel de ces deux mensonges vous paraît le plus grave ? Contre toute attente, Hillary ne répond pas « le deuxième bien entendu », mais s'étonne du parallèle douteux. Démocrate, adversaire politique de Bush, elle n'en fut pas moins favorable à l'intervention armée en Irak. Ses interlocuteurs insistent : mensonge, tout n'était que mensonge. « Où-sont-passées-les-ADM ? » devient le tube de l'été.

Mentir, c'est affirmer que ce qui est n'est pas (Clinton et Monica) ou que ce qui n'est pas est (Bush et les ADM). Cela semble aller de soi. Voire !

Seul est menteur celui qui sciemment dit le contraire de ce qu'il sait être vrai. Bush savait-il que les ADM n'existaient pas ? La rumeur suppose que oui, la Maison Blanche mentait en connaissance de cause. Sinon, il s'agit d'erreur et non de tromperie.

Problème : si l'état-major américain connaissait l'inexistence des ADM, comment se pouvait-il qu'au même moment, les inspecteurs de l'ONU et les membres du « camp de la Paix » l'aient ignorée ? Les services secrets russes, français, allemands étaient capables autant que les américains de détecter l'information. Si mensonge il y eut, tous étaient complices, car la discussion au conseil de sécurité portait sur le comment (inspections prolongées ou intervention armée), jamais sur le pourquoi : tous agissaient comme s'il était acquis que Saddam transgressait les interdits sur l'armement. Ceux qui voulaient foncer comme ceux qui temporisaient. Le président français répétait : « Nous préférons atteindre l'objectif que s'est fixé la communauté internationale, c'est-à-dire le désarmement de l'Irak. Et, à partir du désarmement de l'Irak, ne vous y trompez pas, la fin du régime. » Qui dit désarmement ne parle pas de lance-pierres, mais d'armes interdites, dont l'existence est si peu mise en doute que leur confiscation entraînerait fatalement la chute du régime. Faut-il croire que Jacques Chirac « mentait » au même titre que George Bush ?

Un seul pouvait savoir, à coup sûr, que les ADM n'existaient pas, s'il les avaient détruites sans le dire, c'était Saddam Hussein. Le maître du bluff trônait à Bagdad, jouant de l'équivoque, brouillant les cartes, désorientant ses adversaires. D'une part, je suis innocent, j'ai désarmé – « je suis oiseau : voyez mes ailes ». D'autre part, attention pas touche ! Il me reste peut-être de quoi vous nuire – « je suis souris : vivent les rats [1] ! » Tout bricoleur en prolifération prohibée pratique pareil double langage : Kim Jong Il dit posséder la « bombe ». Réalité ? Poudre aux yeux ? Qui sait ? Anticipe-t-il une panoplie future pour se donner le temps de l'acquérir ? Les messages contradictoires des apprentis sorciers – je l'ai, je ne l'ai pas – sont rationnels en leur duplicité : dans le doute abstiens-

---

1. Jean de La Fontaine, *La chauve-souris et les deux belettes*.

toi, conseillent-ils à qui prétend les contrôler de gré ou de force. Dans l'affaire irakienne, une certitude : Saddam ne possédait pas encore de missile nucléaire, quant aux autres bricoles biologiques et chimiques, le flou distillé par le Raïs subsiste. Il n'y eut qu'un menteur avéré, Saddam, et il se prit les pieds dans ses propres finesses.

Reste Sa Majesté la Rumeur jetant sa kyrielle d'anathèmes. « Un des plus grands mensonges d'Etat », « une outrecuidance propre aux régimes les plus détestés du xxᵉ siècle », « le pire scandale de l'histoire politique des Etats-Unis », « la plus grande manœuvre d'intoxication de tous les temps », toutes ces gentillesses sont extraites d'un seul éditorial [1] ! Lorsque de telles perles passent pour vérités d'évangile, la rupture est consommée. Le malin siège à la Maison Blanche, un dieu trompeur ronge l'âme américaine, celui qui, comme l'auteur de ces lignes, s'accroche « sans vergogne » à des remarques de bon sens est vendu ou manipulé.

Rien n'y fait, la messe est dite, qui objecte à la rumeur commet un crime de lèse-orthodoxie et s'avoue coupable d'allégeance au « camp du mensonge ». Ouest contre Ouest ! un dialogue en vue du vrai devient impensable pour ceux qui croient affronter le plus grand intoxicateur « de tous les temps ». Courage les va-t-en paix, si vos pronostics se sont révélés faux sur le terrain, tous les espoirs

---

1. *Le Monde diplomatique*, juillet 2003.

vous sont permis dans les urnes : Churchill fut ren-
voyé dans ses foyers après la victoire sur le nazisme
et Bush père remercié après la délivrance du
Koweit. « Il y a deux choses qu'un peuple démocratique aura toujours beaucoup de peine à faire :
commencer une guerre et la finir [1]. »

COMMENT L'ONU DEVIENT LE PARADIS

La libération de l'Irak eut lieu. Elle a fait rebondir
le débat. On ne se demande plus s'il faut prendre Bagdad. L'interrogation s'amplifie : la prise de Bagdad
offre-t-elle des réponses à la terreur, au meurtre et à
la tyrannie ? Ou bien s'agit-il d'un coup (malheureux)
d'Etat dans la « politique intérieure mondiale » ? En
trois semaines, les GI's ont bousculé la conscience
dite universelle. Ont-ils ébranlé le monde ?

Passons outre, oublions les délires antiaméri-
cains, la question de fond demeure : peut-on concevoir, au-dessus d'un état-major disposant de la
force militaire, un état-major de paix doté d'une
force tranquille, un « *soft power* » garantissant
l'absence de conflits sanglants et la sécurité générale ? N'est-ce point ce qu'ont en tête ceux qui,
invoquant « le droit international », se réclament
d'une communauté mondiale censée promulguer
d'ores et déjà des normes auxquelles petits et

---

1. A. de Tocqueville, « De la démocratie... » I, 529.

grands doivent souscrire ? Cours de justice, conventions et déclarations universelles sont-elles les prémices d'une légitimité cosmopolite qui soumettrait les puissants et dont l'ONU se porterait garante ? Avons-nous changé d'ère ? Un grand bond en avant nous aurait-il projeté loin de l'état de nature qui réglait et déréglait la coexistence d'Etats « maîtres après Dieu » ? Aurions-nous atteint un radical « après-guerre » où les peuples abandonnent au tribunal suprême de l'ONU le souci et le soin de leur survie ? Campons-nous sur les rives d'une définitive post-histoire ? L'humanité accède-t-elle à cette harmonie bienheureuse qui fit si terriblement défaut à la Grèce, à Rome, à l'Europe chrétienne et au monde moderne ? Rappelons-nous : « Jamais, en aucun système limité, celui des cités grecques, celui de la communauté chrétienne, celui du concert européen, les valeurs ou les intérêts communs ne commandèrent la conduite des acteurs dans les grandes circonstances. En temps de paix, pour régler des problèmes secondaires, la demi-conscience de la civilisation commune n'était pas sans influence. Elle était refoulée d'un coup par les passions quand retentissait l'appel aux armes [1]. » S'agit-il d'un passé dépassé ? Si oui, sans nous en être rendu compte, nous voilà parachutés sur Cythère avec notre forfanterie en bandoulière.

---

1. Raymond Aron, *Paix et Guerre entre les nations*, p. 719, Calmann-Lévy, 1984.

Face aux interventionnistes résolus à faire plier coûte que coûte le prédateur de Bagdad, les tenants de la mythique « loi internationale » s'auréolent d'un double impératif. D'une part les frontières à l'intérieur desquelles chaque gouvernement exerce son magistère sont intangibles et hermétiques, ainsi la version étatiste du droit des peuples à disposer d'eux-mêmes conclut au droit des autorités locales à disposer de leurs peuples. D'autre part, le Conseil de sécurité doit être seul habilité à commander, dans des situations d'exception, la transgression du principe de souveraineté – quitte en 1991 à faire franchir aux armées les frontières de l'Irak pour rétablir celles du Koweït. En 2003, G. Bush Jr se trouve ainsi deux fois excommunié. Il pèche contre le droit des nations en investissant Bagdad. Il bafoue les autorités internationales en se passant d'un blanc-seing explicite. Pareil manquement aux principes humilie la belle construction juridico-théorique de l'ordre onusien du monde, où la pluralité temporelle des souverainetés étatiques se trouverait chapeautée et garantie par la souveraineté céleste et supra-étatique du Conseil de sécurité.

Les promoteurs de cette architecture à deux étages d'autant plus admirable que surréaliste semblent ignorer qu'ils devraient verser des droits d'auteur à un illustre prédécesseur. Mort en 1821, Joseph de Maistre n'a pas bonne presse ; il apparaît peu correct politiquement, car réactionnaire absolu, et les universitaires le snobent. Il fut cependant le premier à rédimer l'anarchie qu'engendre la pluralité d'Etats temporellement et inconditionnellement souverains. Une juridiction supra-étatique devrait, selon lui, soumettre les puissances temporelles, armées et peu fiables, à une autorité d'un autre ordre, suprême et spirituelle. Cette Souveraineté sur toutes les souverainetés, il l'attribuait au pape. Nous devons l'excuser, il n'a pas pris connaissance de la Charte des Nations unies, ni imaginé notre Conseil de sécurité désormais nanti des privilèges d'infaillibilité pontificale d'un Vatican planétaire. L'illustre gentilhomme ultramontain et les inconditionnels du « droit international » bâtissent leurs Eglises sur un seul et même axiome : « L'infaillibilité dans l'ordre spirituel et la souveraineté dans l'ordre temporel sont deux mots parfaitement synonymes. L'un et l'autre expriment cette haute puissance qui les domine toutes, dont toutes les autres dérivent; qui gouverne et qui n'est pas gouvernée; qui juge et qui n'est pas jugée [1]. » Il faut être mécréant comme moi pour ne pas reconnaître dans l'instance suprême du Conseil de sécurité qui juge « et qui n'est pas jugée » le doigt de la Providence et sa lumière divine réglant la fameuse « politique intérieure mondiale ».

---

1. J. de Maistre, *Du pape*, p. 27.

Le souverain pontife (selon Joseph de Maistre) ou l'ONU (selon J. Habermas, et tant d'autres) introduisent le jamais vu. Jusqu'à ce jour, l'Histoire souvent sanglante était celle des collectivités, des Etats et des blocs d'Etats qui choisissaient à leurs risques et périls, en toute autonomie, de faire la guerre ou de respecter la paix. Ces temps difficiles seraient révolus ! Chaque puissance devrait se soumettre à l'arbitrage sans appel d'une papale Organisation des Nations unies. Alléluia ! La terre promise est à notre porte ! Il suffit de « faire respecter l'abolition du *jus ad bellum* obtenue après la Seconde Guerre mondiale [1] ». « Obtenue » ? Tu parles ! Depuis 1945, on compte plus de trente millions de tués à la guerre, révolutions non comprises. Bien entendu ces aventures meurtrières ne furent pas entreprises ni voulues par l'ONU, il faut donc croire que les puissances petites et grandes qui les ont perpétrées méconnaissaient l'abolition de la guerre et, oubliant qu'elles n'avaient plus le « droit » pour elles, passaient outre l'interdiction. Quant aux innombrables victimes, elles ignoreront à jamais avoir obtenu « le franchissement d'un pas décisif en direction du droit cosmopolite »

On peut certes apprécier que les records d'inhumanité de la Deuxième Guerre mondiale soient demeurés hors concours, mais il faut rendre à César

---

1. J. Habermas, *Le Monde*, 3 mai 2003.

ce qui appartient à César. Le mérite du relatif blocage revient, non aux sirènes idéalistes, mais à l'énormité des arsenaux destructeurs qui stoppa la montée aux extrêmes. Les régimes totalitaires et bellicistes succombent rarement aux charmes d'un état de droit cosmopolite, par contre les injonctions cruelles de la dissuasion nucléaire ou de la dissuasion classique parviennent souvent à les contenir et les rappeler à la prudence. La mise hors la loi du recours à la guerre par l'intercession du Saint-Siège dans l'Europe chrétienne du XIXe, par l'arbitrage de la Société des nations entre les deux guerres mondiales (pacte Briand-Kellogg en 1928) ou sous les auspices de l'ONU revue et corrigée par saint Habermas, voilà qui fait froid dans le dos au regard d'expériences pas très lointaines. Est-il encore permis d'ignorer comment ces contes de fées se conclurent et quelles sinistres pulsions ils ont camouflées ? Une fois, une seule, un pape, le bon Benoît XIII, se risqua à user des prérogatives que Joseph de Maistre lui avait conférées ; en 1916, il proposa aux belligérants d'interrompre le bain de sang, mal lui en prit : il coalisa en plein conflit les évêques allemands et français... contre lui.

Il ne suffit pas de s'autoproclamer arbitre pour l'être et se trouver à même d'exercer un arbitrage impartial. Déjà les empereurs et les rois s'entouraient de savantes cohortes, équipages de légistes non moins agressifs, exclusifs et serviles que les armées et les polices. Aujourd'hui encore, la « loi internationale » parle rarement d'une seule voix, elle semble atteinte de ventriloquie tant chacun par-devers soi l'habille à son avantage. Ainsi J. Habermas, qui condamnant sans ciller la prise non autorisée de Bagdad, continue de cautionner l'intervention de l'OTAN en Serbie, opération non agréée par le Conseil de sécurité (la Russie brandissait son veto). Notre sage inflexible se retrouve à ployer en tous sens une norme soudain bien élastique. Pour justifier la transgression Kosovo, il aligne trois excuses : 1) l'urgence (un coup d'arrêt à la purification ethnique), 2) l'humanitaire (« injonction adressée à tous de porter secours à tout peuple en détresse »), 3) la démocratie (la coalition anti-Milosevic regroupait des « Etats de droit incontestablement démocratiques »). D'accord. Mais en quoi la coalition anti-Saddam ne bénéficie-t-elle pas à ses yeux des mêmes mérites ?

Habermas reconnaît que « l'humanitaire » pourrait, touchant l'Irak, légitimer rétrospectivement l'opération : « Les charniers, les cachots souterrains et les témoignages de personnes torturées ne laissent aucun doute, *après tout*, sur la nature du régime. » Voilà un « après tout » qui laisse pantois. Pauvre naïf de moi ! J'avais cru que les récits ébouriffants d'horreur des quatre millions d'exilés n'avait laissé aucun doute, pour tout esprit civilisé, quant à la barbarie du régime. Ce qui à mes yeux justifiait déjà pleinement le départ du bourreau, de gré ou de force. Milosevic n'était qu'un enfant de chœur à côté de lui. Comment notre si prestigieux philosophe allemand, très au fait des affaires du monde, a-t-il pu ignorer les méfaits du tyran de Bagdad pour ne les mentionner qu'*après tout*? Personnellement j'ai souscrit à la proposition de Salman Rushdie : « Jamais je ne descendrai dans la rue pour sauver Saddam Hussein. » Car c'était bien de cela qu'il s'agissait, dit ou non dit, avoué ou camouflé : plutôt Saddam que la guerre! Si les foules avaient remporté la partie, Saddam règnerait encore, et chaque jour passé sous sa férule aurait engraissé les fosses communes qu'on ouvre au bull-dozer. Comment après cela se regarder dans le miroir? La « nature criminelle du régime » – et les complicités occidentales de naguère – ont permis la décapitation des oppositions intérieures, devenues incapables de mettre à bas la dictature sans inter-vention extérieure. C'était la liberté ou la mort. Ce fut la libération.

Oui, il y avait urgence. L'existence et l'impor-tance des armes ABC[1] de destruction massive à disposition de l'Irak prêtaient à discussion. Par contre, nul ne pouvait contester que le serial killer

---

1. ABC : Atomiques Biologiques Chimiques.

était avide depuis des décennies de s'en procurer. Quand un dictateur cynique, comme Kim Jong Il, se proclame nucléairement armé, le pacifiste baisse les bras, c'est trop tard, on ne peut plus intervenir. Quand le dictateur, genre Saddam, ne dispose pas encore de la bombe, le pacifiste conclut, bonne pâte : c'est trop tôt, il n'y a pas matière à intervention. Ainsi se retrouve-t-on toujours avant ou après l'urgence, avec la certitude de la manquer. Lorsqu'un criminel est repéré, on n'attend pas qu'il se réarme, on va même profiter d'un relâchement, d'un moment de faiblesse pour le frapper. Ce n'est pas lâcheté. C'est simple prudence stratégique : on fera moins de dégâts alentour. J. Habermas ne s'abaisse pas à de si triviales considérations. Selon lui, il n'y a urgence que dans l'instant où tout explose.

Quant au troisième argument sur les « Etats de droit démocratiques », il se réduit à décréter que l'attaque de la Serbie, l'intrusion de l'OTAN au Kosovo pouvaient être légitimés parce que la France, l'Allemagne et la Belgique avaient dit oui et donné le feu vert. Alors que la coalition « liberté pour l'Irak » restait illégitime, car les mêmes, la France, l'Allemagne et la Belgique disaient non ! A nouveau le droit de veto ! Plus une bonne dose de chauvinisme. Il est, d'évidence, souhaitable que les démocraties agissent à l'unisson. Mais accepter que, si l'une contredit l'autre, elles se paralysent et que toute action reste suspendue, c'est faire la part trop belle aux non-démocraties qui, elles, ne s'embarrassent pas de consensus. L'incroyable exégèse, qui avalise les bombardements sur Belgrade et démonise les bombardements sur les palais du Raïs, prouve combien la référence dévote à la prétendue « légalité internationale » tourne à l'équilibrisme funambule et nage en pleine hypocrisie.

Pacifistes, n'oubliez pas les opprimés !

par José Ramos Horta (Timor oriental)

Nous étions autrefois sept frères et cinq sœurs, une famille nombreuse parmi tant d'autres, dans un tout petit pays catholique. L'un de mes frères est mort quand j'étais bébé. Antonio, l'aîné, est mort en 1992 faute de soins médicaux. Les trois autres frères ont été assassinés dans le long conflit du Timor oriental avec l'Indonésie. Aujourd'hui Timor est un pays libre... Nous avons supplié les puissances étrangères de nous libérer de l'oppression – au besoin par la force. Ce n'est donc pas sans quelque consternation que je suis le débat sur l'Irak au Conseil de sécurité des Nations unies et à l'Otan. Les grands airs de certains dirigeants européens ne m'impressionnent guère. Leurs actes compromettent le seul moyen vraiment efficace de faire pression sur le dictateur irakien : la menace du recours à la force... Si le mouvement anti-guerre dissuade les Etats-Unis et leurs alliés d'entrer en guerre contre l'Irak, il contribuera ainsi à la paix des morts. Saddam Hussein en sortira victorieux et encore plus intraitable. Tout ce qui a été accompli jusqu'à présent sera anéanti si l'on exclut le recours à la force. C'est vrai le mouvement contre la guerre pourra se targuer d'avoir gagné en empêchant un conflit. Mais il lui faudra aussi admettre qu'il a aidé un dictateur sanguinaire à se maintenir au pouvoir et s'expliquer devant les dizaines de milliers de victimes [1]

(6 mars 2003).

Les tyrans ne tombent que sous les bombes
par Veton Surroi (Kosovo)

Si j'étais membre de l'opposition irakienne contre Saddam Hussein aujourd'hui, je ressentirais ce que j'ai ressenti il y a cinq ans en écoutant les arguments, émanant autour des Européens, expliquant pourquoi il ne fallait pas utiliser la force militaire contre la Serbie de Slobodan Milosevic.

Les arguments sont similaires dans les deux cas. Dans les deux cas ils sont devenus partie intégrante de la tactique pour gagner du temps avant les bombardements. La litanie est la suivante : « il faut donner une chance à la paix », « les bombes ne peuvent pas apporter la démocratie », « une attaque militaire menacerait la stabilité de la région », « les Etats-Unis utilisent la puissance militaire pour établir leur domination ». Tous ces arguments se sont révélés faux dans le cas du Kosovo...

---

1. Ramos Horta a reçu le prix Nobel de la paix en 1996. Article paru dans *The Age* (Melbourne), traduit par *Courrier international* du 6 mars 2003.

Le monde doit se rappeler comment la guerre du Kosovo s'est déroulée et comment les peurs sans fondement qui inquiétaient tant les Européens ne se sont jamais matérialisées. Il doit tirer la leçon du cas Milosevic : il faut une puissance militaire pour renverser les tyrans [1].

FERMEZ-VOUS LES YEUX L'UN L'AUTRE

Le droit des Irakiens à être libérés d'une dictature catastrophique relève des trois *leitmotive* qui légitimaient l'intervention de l'OTAN au Kosovo et de l'ONU en Afghanistan. Il y avait urgence humanitaire et démocratique puisque, de l'aveu général, les Irakiens et les Afghans avaient été privés de la possibilité et des moyens de s'émanciper eux-mêmes. Ce « droit d'être libéré » entre en collision avec le principe de non-franchissement armé des frontières. Je rappelle qu'au Kosovo et en Afghanistan les tyrans parlaient d'affaires intérieures. Officiellement, le Kosovo faisait partie de la Serbie, les talibans étaient maîtres chez eux. Les brutes n'avaient pas agressé leurs voisins immédiats, mais suppliciaient leur peuple (Afghanistan) ou une minorité (Kosovo). *Idem* en Irak. Trop souvent

---

1. Veton Surroi est rédacteur en chef et éditeur de *Koha Ditore*, au Kosovo. Son article a paru dans *Le Monde* du 15 février 2003.

remisé, le « droit d'être libéré » n'est pas étranger à l'inspiration des fondateurs de l'ONU, lesquels se faisaient fort d'avoir libéré les Allemands et les Japonais (malgré eux). Il fallut trente années pour que le peuple allemand change son vocabulaire et convienne officiellement qu'il n'avait pas été « envahi » puis « conquis », mais bien « libéré de Hitler ». Le palmarès redoutable du tyran de Bagdad inscrit l'intervention des « coalisés » dans le droit fil, sinon de la lettre de la Charte, du moins de l'esprit qui présida à sa promulgation.

Et si les exégètes chagrins s'offusquent des contradictions qui grèvent une bien fragmentaire loi internationale, qu'ils considèrent que la Charte n'est pas descendue du ciel, comme les Tables sur le Sinaï, ni ne se chuchota de haut comme le Coran à Mahomet, mais qu'elle fut concoctée à la va-vite, lors d'un compagnonnage quelque peu équivoque, par des leaders du monde libre et l'horrifique oncle Jo, cet assassin notoire. Née du mariage de la carpe et du lapin, elle comporte des incertitudes et des interprétations multiples, rien d'étonnant à cela. La voix céleste manquait au rendez-vous. Supposer la présence d'un législateur ivre à l'écritoire n'est pas non plus à exclure et n'a rien de superfétatoire. Platon assigne une telle origine au langage des humains. Il en déduit sagement qu'il ne faut prendre les mots ni à la lettre ni à la légère, mais contrôler leur usage et réfléchir par soi-même. Avis à ceux qui n'ont que la « loi internationale » aux lèvres : il ne s'agit pas là des saintes écritures qu'ânonne l'intégriste.

Jean-Paul Sartre, un jour, me fit remarquer combien nos contemporains s'obstinaient à voir dans l'« intérêt économique » la clé de nos aliénations et sous-estimaient l'« intérêt idéologique » bien plus trompeur et envahissant. Il retrouvait, en vocabulaire moderne, l'intuition des moralistes du XVIIᵉ siècle, détectant en l'« amour-propre » la cause de maints dérèglements. La coalition anglo-américaine coagula contre elle le rassemblement hétéroclite de multiples spécialistes ardents à défendre leur outil de travail et leur job. Les inspecteurs envisagent sans tergiverser d'inspecter interminablement. Les juristes, qui font le droit, peaufinent des normes universellement valables et abandonnent à d'autres d'inventer la sanction qui les rendraient non seulement cohérentes mais applicables. Les pédagogues expliquent comment rééduquer les berceaux pour réformer les peuples. Les sexologues qui en savent plus long suggèrent d'instituer le repos du guerrier avant les guerres pour mieux les abolir. Les enfants des écoles déroulent de délicieux poèmes destinés aux méchants qui déclarent la guerre à d'autres délicieux enfants. Chacun, chevauchant son orgueil professionnel, orne le camp de la paix de ses brillantes dissertations. Et les fonctionnaires internationaux de fonctionner, et les négociateurs de négocier, et les conférences, les assemblées, les congrès de succéder aux congrès, assemblées et conférences. Fiers du travail accompli, amoureux de l'œuvre qui reste à accomplir, les conseillers conseillent, les colloques colloquent et les institutions procèdent performativement en accumulant résolution sur résolution, selon la règle du dire c'est faire. L'invocation rituelle de l'autorité des Nations unies passe pour le sésame d'une « légitimité internationale » qui ne s'autorise que d'elle-même : tout pouvoir au Conseil de sécurité qui consultera les bataillons serrés des spécialistes ès pacifications sans violence. L'ONU est consacrée hors concours conscience du monde par une gigantesque province pédagogique internationale dont l'intérêt idéologique bien compris stipule : que les toges et non plus les armes gouvernent le XXIᵉ siècle !

Les dévots du Conseil de sécurité et de la légitimité internationale s'embarrassent peu des rappels à la réalité, ils plaident les *pour* sans tenir compte des *contre*, ils croient. L'ONU, qu'ils élèvent tribunal suprême, ils ne la peignent point telle qu'elle est mais telle qu'ils voudraient qu'elle soit. Leur objecte-t-on les faiblesses d'une force de paix dont les « casques bleus » abandonnèrent, et pas qu'une fois, les civils au couteau des égorgeurs ? Nos dévots concluent à la seule nécessité de renforcer une institution (du troisième âge) encore balbutiante. S'inquiète-t-on des incohérences, contre-vérités et perfidies qui conduisent à confier la défense des Droits de l'homme à une commission où les prédateurs qui les piétinent chez eux font la loi ? Nos fidèles de la Sainte Charte acquiescent, sourient d'un air finaud et soupirent que nul n'est parfait en ce bas monde, qu'il faut attendre que la Libye s'amende ; avec doubles crédits, noyés sous les compliments, ces étranges oiseaux qui entrent terroristes dans la Maison de verre se métamorphosent vite en blanches colombes. L'ONU, c'est Dulcinée du Toboso. Tandis que l'incrédule ne distingue qu'une vachère, Don Quichotte s'exerce à voir ce qu'il croit sans croire ce qu'il voit, la dame de ses pensées se pare de toutes les qualités, il bat la campagne pour la défendre. Dans son sillage, le manifestant « pour la paix » arpente la rue ou milite par jet-croisades en faveur de la seule instance terrestre opérant la transmutation des tanks en charrues et des kalachnikovs en biberons.

Revenons sur terre. Depuis sa création, le Conseil de sécurité légifère très rarement en matière de guerre, la plupart des conflits sanglants qui divisèrent l'humanité depuis un demi-siècle ont divisé également le sacro-saint Conseil, qui du coup ne contrôle rien. Inutile d'attribuer pareille impuissance à la seule guerre froide, à peine était-elle close que l'horreur et l'épouvante témoignèrent de la nullité intrinsèque de la prétendue autorité mondiale. Cinq mille soldats, cinq mille casques bleus eussent stoppé net le génocide d'un million de Tutsis au Rwanda. Sur le terrain, l'équipe de l'ONU dirigée par le général canadien Dallaire, expédiant message sur message à New York, exigeait des renforts, des ordres clairs pour désarmer les milices génocidaires. Elle sonna l'alarme des semaines durant. En vain. Une fois de plus « la loi internationale » avait tranché et couvert son laisser-faire par l'*omerta*. Il n'importe, l'ONU a beau accumuler dysfonctionnements, compromissions et faillites, elle demeure le saint des saints, une référence absolue, impartiale, omnisciente, omnibienveillante. Dommage, car, considérée prosaïquement, la tâtonnante organisation parvient parfois à sauver des populations en détresse et souvent à nouer d'utiles dialogues au milieu d'inutiles affrontements. Encore faut-il modestie lui garder et ne pas l'élever si haut que seul le ridicule l'enveloppe.

COMMENT ON EXCOGITE

« Excogiter ». Le philosophe Jacques Maritain inventa une fois ce néologisme afin de caractériser non point un ordinaire aveuglement de l'esprit, mais, plus grave, un art positif et méthodique de se crever mentalement les yeux. Au-delà des communes bévues ou des simples myopies, la conscience qui excogite ne se contente pas de refouler les mauvaises pensées et d'occulter des réalités déplaisantes, elle travaille à s'interdire définitivement la possibilité même de pareilles déconvenues. Une excogitation réussie immunise d'emblée contre les démentis. Le risque de retomber sur terre est alors aboli pour qui vaticine librement dans les nuées. Le récent mouvement « antiguerre » se soutient d'un gigantesque mouvement d'excogitants : sous couleur de s'opposer à une guerre, il bannit la pensée de la guerre elle-même et décrète son abolition.

Le Don Quichotte de Cervantès fut par certains côtés le premier excogiteur moderne. L'écart entre les rêves où il planait et la réalité où il s'enfonçait ne troublait pas le chevalier espagnol. Dans les démentis que lui inflige l'expérience, il s'entend trop bien à reconnaître le travail pervers de maléfiques enchanteurs qui transforment devant lui des moulins en géants, une gargote en palais, et vice versa. Bush vint à point nommé occuper la place du Méchant tout-puissant qui interdit à l'actualité de confirmer nos contes de fées. Juste au moment où l'humanité enfin réconciliée allait éradiquer fléaux et malheurs, à l'heure où sonnaient les trompettes de la lutte finale écologique, économique et spirituelle, alors que l'Amérique elle-même célébrait la fin de l'Histoire... un esprit malin troubla la fête. Fox TV et CNN aidant, il focalisa l'attention planétaire sur son hollywoodienne mascarade : la guerre contre le terrorisme. Don Quichotte, n'écoutant que son courage, prit la tête du camp de la paix et ne se laissa pas circonvenir. Il sait qu'au regard des pollutions produites par les automobiles yankees, les piscines d'acide où disparaissaient dissous les détenus de Saddam importent peu. Il ne s'en laisse pas conter. Il calcule : combien de dictatures sur la terre ? Il s'y perd. Il y en a tellement qu'une de plus ou de moins ne mérite pas qu'on se mette martel en tête. Pourquoi tant de tintouin pour un Saddam Hussein quand un paraphe manquant au bas des accords de Tokyo assassine la condition humaine ?

Aucun gouvernement n'est à l'abri des soupçons et des critiques. Celui de Washington comme les autres. En revanche, le dérapage commence lorsqu'on imagine une Communauté internationale vertueuse qu'un « système » maléfique, régi par une Maison Blanche aux noires intentions, s'ingénie à martyriser. Seul l'épouvantail américain a permis de souder les foules et les élites. Le Don Quichotte collectif caracole en toute ingénuité. Il n'est pas dupe du spectacle de l'actualité, qu'il perçoit mais ne reçoit pas, il décèle sous les malheurs communs ces apparences de malheur, un malheur radical craché à la face du monde par les Maîtres enchanteurs d'outre-Atlantique. Il tient la réplique, il entonne l'hymne du camp de la paix : « Tout pouvoir à la loi internationale ! » Quel tout ? Quel pouvoir ? Quelle loi ? Quelle internationale ? A quelles fins ? Au nom de quel consensus ? Où le trouve-t-on ? Comment l'obtient-on ? Autant de questions incongrues que le chevalier multicéphale balaie en partant à l'assaut du Dragon. « Tout le pouvoir », inutile de détailler, c'est ce que, de toute quichottesque évidence, l'Amérique possède et qu'il faut lui arracher. Le camp de la paix ne s'imagine un et indivisible qu'en se réfléchissant image inversée d'un fantastique camp de la guerre supposé asservir nos destins.

Qui pourrait douter que, une fois délivrée des enchantements de Wall Street et des expéditions du Pentagone, la voie du meilleur des mondes s'ouvrira ? Au bout de son roman, Don Quichotte ne rêve plus de plaies et de bosses, de duels et de tournois, il se récupère amateur des idylles de bergers et bergères, et bientôt s'assoupit pour ne jamais se réveiller. Abandonnons le camp de la paix à sa passion de la théière et retournons aux basses réalités qu'il prit tant de peine à excogiter.

3

La peste terroriste

« Combien de terreurs ! Rien n'est plus terrifiant
Que l'homme ! »

Sophocle, *Antigone* [1].

Rarement cause aussi défendable – l'éviction
d'un despote sans excuses ni prestige – fut aussi
calamiteusement défendue. Les Etats-Unis, qui
sont donnés pour maîtres en communication planétaire, réussirent le tour de force de mobiliser contre
eux le monde entier. Passe encore qu'ils succombent aux intrigues de couloir et s'empêtrent à
l'ONU ; en revanche, parvenir en quelques mois à
rebuter l'homme de la rue sur cinq continents
témoigne d'une redoutable capacité de se pendre
au fil de ses propres arguments. Après coup, la vic-

---

1. Cette traduction est de Jean Bollack. A la place de
« terrifiant », Mazon propose « merveilleux », Hölderlin
« monstrueux », Reinhardt et Heidegger « inquiétant », Lacan
« formidable ». Le terrible est aussi terriblement compliqué.

toire obtenue sans résistance, l'inhumanité du
régime déchu crevant les yeux, l'opinion mondiale
rétracta ses tonitruantes protestations, pour ne plus
les servir qu'à mots couverts. Reste à comprendre
pourquoi les gentils communicateurs de la Maison
Blanche s'exhibèrent aussi nuls, au point de n'être
sauvés *in extremis* que par l'inaptitude encore plus
inepte du camp de la paix à faire face aux défis de
l'après-Manhattan.

Loin d'avoir été médité d'avance, comme le pré-
tendaient les censeurs et les encenseurs, pour une
fois d'accord, le programme de la « guerre contre le
terrorisme » fut énoncé, fin 2001, à la va-vite,
construit de bric et de broc, assemblé coup par coup
sous la pression des circonstances aussi imprévues
qu'impératives. Rappelons-nous : George W. Bush
conquit, d'extrême justesse, la présidence en arbo-
rant des projets de politique interne. Pour le reste il
tablait sur un futur, hypothétique, bouclier anti-
missile qui refermerait l'Amérique sur elle-même et
éterniserait l'invulnérabilité de son île-continent.
Aux yeux de tous, le nouveau Président versait
dans l'isolationnisme. Le 11 septembre 2001 balaya
l'utopie extramondaine. Pour la première fois, l'île
était frappée au cœur. Aucun rempart satellitaire
ne l'eût protégée des pilotes suicidaires, clandes-
tins infiltrés des antipodes. La stupeur fut totale
et le retournement complet. Puisque l'extérieur

attaque, il faut répliquer à l'extérieur, « guerre au terrorisme ! ». Au départ l'opération paraît simple, on se projette, on « éradique » le coupable désigné (et autodésigné), on poursuit Ben Laden dans son repaire afghan, on traque son gang et on démolit le régime taliban.

Point final ? Nenni. Demeurent une nébuleuse inquiétante, des réseaux dormants, les viviers où se recrutent les futures bombes humaines et les rivaux qui espèrent frapper mieux et plus fort. La nouvelle « guerre » s'amplifie. Après l'islamisme armé, d'autres Etats « voyous » aux bannières hétéroclites ne laissent pas d'inquiéter. Face à ces périls tous azimuts – épinglés dans « l'axe du mal » – Washington opte pour une Sainte Alliance des grands Etats raisonnables. Une photo qui ne manque pas de piquant immortalise la famille en tuniques chinoises fluo : Jiang Zemin, Poutine et Bush sourient *cheese*, toutes dents dehors, bras dessus bras dessous. Ils s'accordent le bon Dieu sans confession. La crise d'Irak a tôt fait de dissiper l'angélique illusion. Chacun a repris son costume et ses coutumes. La Chine rejoint discrètement la tente du veto franco-russe. La Russie en catimini fournit armes sophisti-quées, renseignements top secrets et instructeurs à Bagdad. Washington, frappé dans le dos, proteste publiquement et somme le Kremlin de cesser son double jeu. Poutine invective le « néo-impéria-

lisme » de son ex-plus-fidèle-allié. Tournent les che-
vaux de bois ! Sur les marchés de la duperie, les
Américains ne sont pas les plus habiles. Au gré des
quiproquos, des compromis, des soupçons et des
rabibochages, la « guerre contre le terrorisme »
risque de s'éparpiller en clichés édifiants, alibis
commodes pour les uns et slogans creux pour les
autres. Pour sortir d'une telle confusion concep-
tuelle, mieux vaudrait ne plus débattre d'entités
imaginaires – « l'Europe contre l'Amérique » –
mieux vaut préciser les cibles et les enjeux des
batailles qui s'annoncent et qui ne sont pas unique-
ment mentales.

Qui est terroriste ?

Lorsqu'un commando tchétchène en armes
s'empare d'un théâtre comble de Moscou et prend
en otages entre sept cents et mille spectateurs,
il s'agit sans nul doute d'un acte terroriste.
G. W. Bush félicite Volodia d'y avoir mis un terme.
Son porte-parole Ari Fleischer déclare : « Il n'y a
nulle part au monde d'excuses pour ceux qui usent
de la terreur à l'encontre de civils innocents. » Bien
dit. Les journalistes présents à la conférence de
presse acquiescent, mais, lui firent-ils remarquer, un
si bon raisonnement ne saurait s'arrêter à mi-course
car il existe, pas très loin de Moscou, au Caucase,

une armée pléthorique qui use et abuse de « terreur à l'encontre de civils innocents ». Et de lui rappeler qu'au cours de la campagne présidentielle, son patron, George Bush, avait envisagé de couper les crédits à cette Russie qui, en Tchétchénie, se livre « au meurtre de femmes et d'enfants innocents ». Comment croire que la Sainte Alliance des Etats autoproclamés antiterroristes ait si bien brouillé les cartes et les concepts ? Pourquoi semer la confusion en posant deux poids deux mesures selon que la victime est tchétchène ou russe – la prise d'otage est (à bon droit) condamnée, le massacre de tout un peuple est (scandaleusement) blanchi. Naïves et péremptoires, les professions de foi antiterroristes développent leur amphibologie, justifient tout et n'importe quoi et lassent le chaland. Soyons précis.

Je nomme « terroriste » l'homme armé qui agresse délibérément des êtres désarmés. Telle est la définition N° 1 que donnent les démocrates du terrorisme : l'attaque voulue comme telle de civils sans défense – ou, comme dit Ari Fleischer, de « civils innocents ». Guernica bombardée à l'heure du marché par la légion Condor, les Twin Towers embrasées à l'ouverture des bureaux : crimes terroristes. Mais pareillement : Varsovie punie par Hitler en 1944, Grozny rasée par Poutine en 2001, Halabja gazée par Saddam en 1988...

Avec un art consommé, appris au KGB, de jouer cyniquement sur les mots, Poutine met en circulation une autre acception du terme, elle a de quoi ravir tous les dictateurs de la planète : seraient terroristes les irréguliers, les réfractaires, les combattants sans uniformes, qui mettent en cause un pouvoir établi, sacré, intouchable quel qu'il soit et quoi qu'il fasse. Dans cette perspective, toute contestation violente vaut incitation au terrorisme et chaque rébellion appelle les grands moyens de la répression. Telle est la définition N° 2, non plus démocratique, mais autocratique du terrorisme, en vertu de laquelle furent bâillonnés les opposants, enfermés les dissidents et de nos jours martyrisés les civils (tchétchènes) sommés de plier sous les coups d'une poigne surarmée.

Le démocrate dit : le terroriste est l'ennemi public du public. L'autocrate rétorque : le terroriste est l'ennemi public de l'Etat. Loin de se recouvrir, les deux définitions se dévoilent souvent concurrentes, voire ennemies. Leur antinomie ronge de l'intérieur, comme un virus informatique, les alliances antiterroristes les plus solennelles. On ne parle pas de la même chose. Quand Bush décroche son téléphone pour admonester Poutine, je soupire d'aise : enfin ! Le président des Etats-Unis avait plongé ses yeux dans les yeux du président de la Fédération de Russie, il avait perçu son âme et, disait-il, découvert ses bonnes intentions, son compagnon en présidence était résolument « a good guy ! ». Il aurait dû tendre l'oreille et pressentir que les mots n'avaient pas le même sens suivant qui les décline, le démocrate ou l'autocrate. Il eût pu s'éviter une brouille en pleine opération et épargner à ses soldats le risque de se trouver sous le feu d'armes top modernes *made in Russia*.

LA VIOLENCE LA PLUS EXTRÊME

Si l'on s'en tient rigoureusement à la définition N° 1 du terrorisme, la démocratique (attaque armée et délibérée contre les sans-défense), on justifie du même coup l'usage du mot « guerre » qui qualifie la lutte actuelle menée contre le terrorisme. Faisant contre-feu, la guerre antiterroriste s'oppose à la guerre terroriste devenue, depuis le xxe siècle, la forme la plus inhumaine de l'affrontement belliqueux. Clausewitz écrit que la guerre est « un acte de violence porté à son paroxysme ». Encore convient-il d'ajouter que ce paroxysme n'est ni fixe ni immuable. Il varie avec les époques, en fonction des régimes et des lieux. En 14-18, témoins et acteurs s'effarèrent d'un paroxysme quantitatif, la France déplora un record absolu de soldats morts.

Mais 80 % des tués portaient l'uniforme. Peu à peu on sauta du paroxysme quantitatif au paroxysme qualitatif, la Deuxième Guerre mondiale compte cinquante millions de morts, moitié civils, moitié soldats. Depuis 1945, on passe cul par-dessus tête, la proportion s'inverse, les conflits armés ajoutent les morts aux morts par millions encore, mais 80 % sont des femmes, des enfants ou des hommes sans armes. La guerre poussée à son paroxysme est devenue guerre contre les civils.

Jadis la violence meurtrière, parvenue à son stade suprême (« paroxystique »), précipitait les armées contre les armées dans de gigantesques batailles d'anéantissement – Iéna, Waterloo, Verdun et Stalingrad en sont les fleurons. Cette époque est révolue. Dix années de guerre en ex-Yougoslavie ne lèvent en notre fraîche mémoire que des noms de villes canonnées, assiégées, exécutées : Vukovar, Dubrovnik, Sarajevo, Srebrenica. En revanche, aucune grande bataille. On le constate sur tous les continents, les pillages, viols et tueries ne sont pas des accidents, bavures ou bénéfices secondaires cueillis par une soldatesque ivre de sa victoire. Ils sont devenus la règle. Les civils en tant que civils sont des cibles militaires. Désormais le terrorisme est le nerf de la guerre. Le xxe siècle, explosions mondiales et révolutions mêlées, a couvé cette sordide mutation.

On ne combat plus pour s'emparer du Prince, d'un état-major ou d'une capitale. La guerre voulue paroxystique vise la soumission des volontés, la maîtrise des esprits et la capitulation d'une société dans son ensemble. Pareil objectif affleure, voilà trois quarts de siècle, dans le projet de « guerre totale » de Ludendorff hérité par la Wehrmacht et dans le programme de « révolution jusqu'au bout » que Lénine et Trotski opposèrent aux révolutions antérieures, américaine et française, coupables de complaisance « petite-bourgeoise » pour la démocratie représentative. Le XXe siècle nous a légué une violence extrême qui recherche une emprise « totale » sur la population. La guerre terroriste contre les civils n'espère pas seulement briser les résistances actuelles, elle prétend éradiquer la possibilité même d'une résistance potentielle, elle exige un pouvoir en ce sens « total ». Une autorité traditionnelle, démocratique ou non, revendique le monopole de la violence légitime (Max Weber). En revanche, un pouvoir totalitaire s'adjuge le monopole de la terreur – c'est-à-dire de la violence illégitime autant que légitime – afin de gouverner les sujets *in extenso*, de l'intérieur, et de « transformer l'homme dans ce qu'il a de plus profond » (Mao Tsé-toung).

La stratégie terroriste émancipée, autonome et dominante ne vaut plus comme un moyen au ser-

vice d'une fin. Elle devient désormais à elle-même
sa propre fin. L'extrémisme cruel du chef de bande
en Sierra Leone n'est pas moins rationnel, ni
davantage arriéré que les grands bonds en avant
des guides marxistes ou théocratiques. Tous
s'accordent à ne plus distinguer entre le front et
l'arrière, le civil et le militaire, le privé et le public,
le temporel et le spirituel. Ainsi pratiquait Saddam
Hussein. Ainsi font les généraux russes sur le
« front » tchétchène. Les dictateurs de jadis gouver-
naient à l'occasion *par* la terreur, ceux
d'aujourd'hui règnent *dans* la terreur. Ils la pro-
grammment permanente pour que chacun l'intério-
rise et l'instaure juge suprême. Au cours d'un bref
interlude démocratique, les habitants de Sierra
Leone furent invités à désigner leurs représentants :
« Votre pays est entre vos mains, votez ! », pou-
vait-on lire sur les affiches électorales. L'ancien
chef de la junte militaire et le Front qui le soutenait
(RUF) répliquèrent à la machette en taillant des
« chemises », manches courtes, manches longues,
poignets tranchés ou bras coupés à l'épaule. L'électeur put vérifier que son destin et ses mains étaient
parfaitement séparables. Artisanat du coupe-coupe
ou grande industrie de l'enfermement concentra-
tionnaire répondent à une identique volonté de
faire table rase des sentiments et des idées intimes.
Liquider toute velléité de dissidence, annihiler tout
échappatoire, installer la terreur au poste de pilo-
tage.

Dorénavant la guerre contre les civils est un mode très répandu de « gouvernance ». Pas seulement une méthode de conquête, mais l'exercice permanent d'une domination qui se veut intégrale. Un terrorisme sans limites, quadrillant une population sans espoir, constitue aujourd'hui la manifestation la moins démocratique et la plus radicalement cruelle de l'exploitation de l'homme par l'homme. Dans son sillage, ressuscitent immanquablement l'esclavage sexuel ou le travail forcé des plus faibles et des plus démunis.

Un oublié des manifs

A trente-cinq ans, Jamal Majid en paraît dix de plus, nez et dents cassés, des cicatrices plein le corps. Il fait partie de ces Irakiens qui n'ont pas cherché à s'opposer au régime, juste à survivre. Fils d'une ancienne « bonne famille » de Bagdad, il est devenu suspect en servant dans l'armée...

... Le 15 janvier 1995, on m'a emmené à Al-Radwaniya, la prison secrète où, dit-on, des détenus disparaissaient dans des cuves d'acide ou servaient aux expériences d'armes biologiques. Moi, j'ai passé quatre mois assis en boule dans une cellule cubique de 1 mètre de côté, avec deux petits orifices. Par l'un on passait un verre d'eau, un petit pain et une louche de riz par jour, l'autre était un canal d'égout. J'en étais extrait deux fois par jour, matin et soir pour les interrogatoires. J'ai eu tous les ongles arrachés, les dents et le nez cassés, voyez mes cicatrices sur les oreilles, le ventre, le bras... Ils frappaient avec des

câbles, faisaient des coupures au rasoir quand on était suspendu. Je devais avouer, mais je ne pouvais donner aucune information, je n'étais pas un espion...
Au bout de quatre mois, j'étais aveugle, je ne bougeais plus. On m'a mis alors dans une pièce de 60 détenus, ils m'ont aidé. J'y ai passé deux ans. On m'a ensuite pris pour nettoyer dehors. J'ai vu les cages où on mettait des détenus avec des dobermans, j'ai vu trois fois Oudaï, le fils de Saddam. Il venait toutes les deux semaines à Al-Radwaniya avec ses amis pour voir les torturés. Et le chef de la prison, Al-Ghalloubi, dont la moitié de l'Irak au moins connaît le nom, qui filmait les séances de torture [1]...

Les deux sources modernes du terrorisme

La guerre contre les civils en son assomption terroriste est portée par une tendance lourde déjà séculaire. La Première Guerre mondiale a ouvert la boîte de Pandore. Elle a émancipé la violence, à la fois dans ses moyens, en industrialisant l'effort guerrier, et dans son esprit, en libérant les fureurs destructrices.

Les orages d'acier et les gaz mortels de 14-18 changèrent la donne classique. Bien avant la

---

1. Propos recueillis (entre tant d'autres) à Bagdad par Sophie Shihab et Patrice Claude, *Le Monde* des 25-26 mai 2003.

Bombe, la croissance vertigineuse du pouvoir anni-
hilateur de l'armement moderne alerta les plus
lucides. La guerre commence « à imposer au monde
son règne souverain et à faire naître le sentiment
d'une possible extinction de la race humaine »,
déclare Churchill en 1925. L'avertissement n'est pas
moins clair pour Freud, « les hommes sont mainte-
nant parvenus si loin dans la domination des forces
de la nature qu'avec l'aide de ces dernières il leur
est facile de s'exterminer les uns les autres jusqu'au
dernier » (1931). Tandis que l'homme d'Etat insiste
sur le versant objectif, technique de la descente aux
enfers, l'homme de culture en scrute l'investissement subjectif et se demande si son contemporain
« réussira à se rendre maître de la perturbation
apportée à la vie en commun par l'humaine pulsion
d'agression ». C'était avant Auschwitz, ni prévu, ni
prévisible pour des esprits normalement constitués,
Freud compris. On n'anticipait pas davantage
l'arme thermonucléaire. Et pourtant tout est dit :
l'humanité doit envisager l'inédite possibilité matérielle et spirituelle de son autodestruction.

Un démon à double visage hante désormais la
planète entière. Côté pile, l'industrialisation de
l'effort militaire dote les combattants d'une puissance d'extermination sans cesse croissante et de
plus en plus disséminée. Hiroshima et la prolifération nucléaire balisent la longue durée de ce pro-

grès ès capacités mortifères. La modernité implacable et sans cesse surmodernisée de l'arsenal militaire affecte tous les niveaux de la violence possible, depuis l'engin nucléaire jusqu'à la mitraillette en passant par les stingers qui permettent au tireur isolé de descendre les « faucons noirs ». Côté face, la « pulsion d'agression » pointée par Freud nourrit une violence universelle qui n'est plus rêvée « accoucheuse » d'un monde pacifié mais bien davantage choisie, savourée de part en part dans sa dimension annihilatrice : là les machettes suffisent. Eros et Hadès ne font qu'un quand les bains de sang, petits et grands, n'agrémentent pas seulement la prise d'un pouvoir, mais son exercice ordinaire.

Le XIXe siècle, libéral ou socialiste, croyait au progrès. La libération de consciences dorénavant en voie d'alphabétisation complète et l'essor prodigieux des forces productives techniques assureraient, pensait-on dur comme fer, la prospérité collective. Le XXe siècle, puisant aux deux mêmes sources, l'émancipation individuelle et la révolution scientifique, instaure le primat des rapports de destruction sur les rapports de production. Dans les relations internationales et souvent infranationales, la terreur est devenue un horizon indépassable. On l'exerce, on la craint, on la recherche, on s'en préserve, mais seuls les inconscients, et ils sont légion, s'autorisent à vivre et à penser comme au XIXe, quand nul n'imaginait l'inimaginable.

L'héritage de la guerre froide

Il ne suffit pas de déplorer le terrorisme des uns et des autres, il faut vivre avec, c'est-à-dire contenir son déferlement incontrôlé. La guerre froide y parvint par la dissuasion de bloc à bloc. Chacun, nucléairement équipé, pouvait la mort de l'autre et le tenait en respect. Le jeu (de la guerre chaude) ne valait pas la chandelle (spasme nucléaire). Ainsi parlait l'équilibre de la terreur. L'intimidation réciproque bloqua l'escalade paroxystique et dévalua les guerres entre grandes puissances industrielles. Ni conflit nucléaire, ni conflits conventionnels à l'ancienne mode européenne, pourtant la guerre froide n'était pas la paix, la carte du monde se modifia comme jamais.

L'affrontement belliqueux s'était déplacé sans perdre sa vigueur et son efficacité : il provoqua la création de dizaines d'Etats, des milliards d'hommes changèrent *manu militari* de régime et de mode de vie. Les grands empires furent démantelés, Grande-Bretagne en tête où le soleil ne se couchait jamais, la Hollande perdit l'Indonésie, la France l'Algérie après l'Indochine, les Etats-Unis durent évacuer en catastrophe le Vietnam, comme l'URSS l'Afghanistan, Israël le Liban, l'Inde le Sri Lanka, le Pakistan naquit... En cinquante ans, la structure géopolitique fut révolutionnée de fond en comble, non par la Bombe mais à la mitraillette. A la faveur du pat dissuasif, la guerre de guérilla bouleversait la carte des cinq continents et le partage des richesses. Les armes nucléaires étaient brandies pour imposer leur non-usage. Dans la foulée, les conflits conventionnels et interétatiques furent gelés ou interdits (fiasco anglo-français à Suez). Conséquence obligée : les guerres dites « populaires » (de « libération nationale », de « partisans », les insurrections anticoloniales, etc.) devinrent la forme de guerre la plus forte. J'entends, avec Clausewitz, la plus *forte* stratégiquement, la plus efficace sur le terrain, opérationnellement et non pas idéologiquement – car les idéologies forts diverses qui chapeautent une guérilla peuvent s'avérer calamiteuses. C'est la stratégie (d'une guerre du peuple prolongée) qui rend forte son idéologie, pas l'inverse [1].

Chute du communisme, sortie de la guerre froide : les bonnes âmes crurent la planète définitivement stabilisée. Paix nucléaire entre les grands et les supergrands, paix entre les peuples forts de leurs indépendances fraîchement conquises, en haut comme en bas le spectre entier des violences parais-

---

1. Que la guérilla soit dans la deuxième moitié du XXe siècle stratégiquement la plus « forte », cf. A. Glucksmann, *Le Discours de la guerre* (1967, à propos du Vietnam, contre la stratégie américaine vouée alors à l'échec).

sait pâlir. Statu quo et coexistence semblaient garantis. Le temple de Mars fermait cérémonieusement ses portes. Sans même supposer naïvement que l'humanité par magie fût devenue sage et bienveillante, on se plut à remarquer que les trois formes de guerre avaient épuisé leurs ressources. La carte du globe ne serait plus fondamentalement bousculée par le nucléaire, le conventionnel et la guérilla. La boîte à maléfices ainsi close, l'art de tuer s'étant autoparalysé, place à l'art de vivre ! Certes, çà et là, petites souillures noires sur la carte du Tendre, des conflits pudiquement baptisés de « faible intensité » venaient brouiller les perspectives idylliques, mais, plaidaient les endormis, il ne s'agissait que d'atavismes condamnés à disparaître tôt ou tard. Le bel optimisme calculait trop court en négligeant les deux inépuisables sources du terrorisme. La fin de la guerre froide ne les avait nullement taries.

Premier rebondissement : la recherche et le développement en matière de destruction massive ne cessent d'innover, plaçant bientôt à portée des petites pointures les capacités ABC (Atomiques, Biologiques, Chimiques). La circulation des nouveaux engins de mort, des recettes de fabrication et des experts indispensables bat son plein. Nulle surprise si un régime aussi dépourvu que la toute communiste Corée du Nord simultanément condamne plusieurs millions des siens à mourir de famine et produit, commercialise, brandit ses allumettes atomiques. Sur le marché sans frontières de l'argent sale, des narcotiques et des richesses minières ou pétrolières pillées tous azimuts, chaque petite puissance terroriste profite de l'offre et de la demande. Le premier diable est ressorti de sa boîte, l'industrie de la destruction innove, miniaturise, diffuse et multiplie généreusement, tel Jésus ses pains, les gadgets apocalyptiques.

Deuxième rebond : loin de réussir à contenir un terrorisme qu'elles avaient mis en œuvre dans leur lutte pour l'indépendance, les jeunes nations pâtissent de son expansion. A la tête du mouvement des non-alignés se détachaient fièrement quatre pays, aujourd'hui gravement atteints : la Yougoslavie de Tito (qui a explosé à coups de purifications ethniques), l'Algérie de Boumediene (qui subit une décennie d'égorgeurs islamistes), l'Inde de Nehru et l'Egypte de Nasser également mal en point. Fou de Dieu, fasciste tropical, nationaliste brun-rouge ou bombe humaine, les mille grimaces de la freudienne « pulsion de destruction » défraient la chronique mondiale. Le deuxième diable, la subjectivité terroriste, ne s'est jamais laissé discipliner par les bons sentiments – peuple, nation, solidarité sacrée des opprimés –, l'invocation des grands principes ne douche pas et parfois fait croître la fièvre qui prend les uns et les autres de découper leur prochain.

Les élans terroristes condensent le pire du pire des guerres et des révolutions du siècle passé. A la lutte de guérilla, ils empruntent une violence absolue dont Sartre, après Fanon, avait imprudemment osé la louange en feignant ignorer que des « damnés de la terre » ont parfois la fâcheuse manie de précipiter leur monde en enfer. La guerre conventionnelle lègue les procédures de mobilisation massives exorbitantes du droit des gens. De la stratégie nucléaire, est reprise l'évocation d'apocalypses intégrales. Le passé ne passe pas, le terrorisme lui emprunte la passion de détruire dont il éclaire l'univers.

Du droit d'ingérence, et du droit d'en user

Fallait-il attendre l'aube sale du 11 septembre pour percevoir qu'une violence terroriste avait depuis longtemps rompu les amarres et forcé les crans d'arrêt censés la retenir ? Non. Trop souvent le droit des peuples à l'indépendance vira au droit des massacreurs à tuer en toute indépendance. Trop souvent l'industrie – kalachnikovs, mines, missiles – vient armer les folies sanguinaires. Dans notre brave univers où la terreur est censée bloquer la terreur, l'équilibre automatique, qui contraint tout un chacun à la paix, n'existe décidément pas.

Il n'y eut, il n'y a, il n'y aura jamais de der des ders. La guerre froide terminée, le monde demeure violent. La parenthèse du sanglant XXe siècle ne s'est pas refermée. A l'insu du grand nombre, la belle époque 1900 était grosse des guerres industrielles et philosophiques, de même l'an 2000, inauguré au champagne sur les écrans du monde, aurait dû s'inspirer d'Ernst von Salomon : « La guerre est finie, les guerriers marchent toujours. » La formule déjà ancienne mérite d'être gravée en lettres d'or au fronton des Instituts stratégiques, comme un infaillible pense-bête : que nul n'entre ici s'il ignore que les conflits interrompus sur le terrain continuent dans les corps, les cœurs et les têtes. La guerre froide essaima derrière elle une multitude de guerriers sans causes, enfants perdus, demi-soldes aguerris et mobilisables, prêts à tout, donc au pire. Oublieux d'eux-mêmes, les Européens sont malvenus de s'étonner qu'aux antipodes retentisse à nouveau et sur d'autres rythmes le vieux refrain des corps francs de la Baltique : « Ce que nous voulions nous ne le savions pas et ce que nous avions nous ne le voulions pas. Guerre et aventure, sédition et destruction et dans tous les recoins de nos cœurs une pression inconnue, torturante qui poussait sans relâche. »

Anciens combattants de Verdun, commandos assassins dans l'Allemagne weimarienne, services d'ordre nazis, l'équipée des militants nihilistes se répète et se mondialise sous des étendards divers et amovibles, noir, rouge, vert...

D'août 1914 à septembre 2001, la guerre terroriste s'avance masquée, ensauvageant de multiples batailles et révolutions. Ce long temps de maturation ne change pas d'une virgule sa profession de foi initiale. « Nous étions enragés. Nous chassions les Lettons comme des lièvres à travers champs, nous incendiions toutes les maisons, nous réduisions en miettes tous les ponts jusqu'au dernier pilier, nous abattions tous les poteaux télégraphiques. Nous jetions les cadavres au fond des puits et nous lancions des grenades par-dessus. Nous renversions tout ce qui nous tombait sous la main. Nous avions allumé un bûcher où il n'y avait pas que des objets inanimés qui brûlaient : nos espoirs, nos aspirations y brûlaient aussi, les lois de la bourgeoisie, les valeurs du monde civilisé, tout y brûlait, les derniers restes du vocabulaire et de la croyance aux choses et aux idées de ce temps, tout ce bric-à-brac poussiéreux qui traînait encore dans nos cœurs [1]. »

---

1. Ernst von Salomon, *Les Réprouvés*, Plon, p. 121.

Les analphabètes diplômés, qui se rassurent en expliquant doctement et tranquillement que l'hécatombe de Manhattan ne concerne que des New-Yorkais, à la fois victimes et coupables, victimes parce que coupables, ont perdu l'esprit et la mémoire : « Tout Tetelmünde brûlait, gigantesque flambeau allumé par l'instinct primitif d'êtres obsédés dans lequel palpitait et reprenait ses droits la jouissance première de l'homme : la destruction. » Washington n'a pas inventé le terrorisme sans frontières pour les besoins de ses noirs desseins, ni la nécessité de réagir à la même échelle, mondiale.

Trop de respect tue. La sainte légitimité d'un Conseil de sécurité sourd et aveugle souvent, paralysé par ses dissensions, n'autorise personne à laisser les horreurs croître et persévérer. Deux exemples majeurs. Qui niera que le génocide entrepris par le gouvernement révolutionnaire cambodgien, les Khmers rouges, méritait une expédition qui stoppa net le massacre ? Il est à déplorer que seuls les Vietnamiens communistes l'aient entreprise pour des raisons ni morales ni humanitaires, mais ils l'ont fait. Tant mieux ! Et tant pis si l'ONU impuissante condamna dix ans durant leur intervention, elle n'avait pas su, pas voulu, pas pu arrêter l'abomination. Rebelote quinze ans plus tard, autre intervention extérieure, l'armée du FPR (Front Patriotique Rwandais), formée en Ouganda par des réfugiés tutsis, se porta au secours de ses frères emportés dans un génocide (cette fois avéré et quasi achevé), s'empara par la force de Kigali, mit en fuite les experts de la machette et les coupeurs de bébés en quatre pour sauver *in extremis*, par la force, quelques survivants. Comment ne pas approuver ? Le monde entier avait jeté l'éponge dès les premiers jours des massacres, quitté les lieux et rapatrié les siens. Le Conseil de sécurité avait tiré son épingle de l'hécatombe. Plus tard, bien plus tard, notre diplodocus s'excuse en accusant : il n'y est pour rien, seule la réalité est coupable [1].

Assez des fonctionnaires et employés du positif qui couvrent les turpitudes et masquent les ignominies sous prétexte de ne pas désespérer de l'ONU ! Qui ne dit mot consent. La légalité internationale avait fermé les yeux. La première fois, au Cambodge avec l'excuse de la guerre froide, Chinois et Russes grinçaient des dents. La deuxième, dans ce monde paisible voulu sans « Oradours », où les Grands s'étaient réconciliés. Pas d'excuse, apathie et indifférence. Des nègres avez-vous dit ? Les rêves bleus engendrent, souvent justifient et toujours occultent les bains de sang. Dans l'extrême urgence, le premier qui bloque un désastre humain

---

1. Cf. Human Rights Watch et FIDH, *Aucun témoin ne doit survivre. Le génocide au Rwanda*, Karthala, 1999. Et Samantha Power, *A Problem from Hell*, Flamingo, 2002.

a raison. Et cela quoi qu'en disent les autorités immobiles, qu'elles soient municipales, universitaires, pontificales ou internationales. Le droit d'ingérence relève de la loi non écrite d'Antigone. Le devoir d'arrêter un massacreur s'autorise de la considération du massacre, pas d'un blanc-seing conféré par des maîtres qui détournent le regard. Celui qui libère n'a de comptes à rendre qu'aux libérés et aux autres libérateurs. Le terrorisme, la torture, l'esclavage légitiment et suffisent à légitimer l'action menée contre ces fléaux.

Voilà pourquoi, je n'ai, chers amis pacifistes, aucune réticence à remercier l'Angleterre, l'Amérique, leurs soldats et leurs gouvernements de l'intervention contre Saddam Hussein. Jugeant l'ingérence ici positive, je félicite ceux qui l'osent. Pas question de courir après la victoire, aussi permettez-moi de me citer. En 1995, j'appelais de mes vœux « la guerre humanitaire » : « La capacité d'exterminer qui se démocratise à grande allure oblige, en fin de guerre froide, à passer de la dissuasion restreinte (nucléaire et bipolaire) à une dissuasion généralisée (planétaire et humanitaire) [...]. Intellectuellement compliquée, électoralement peu payante, diplomatiquement difficile, la guerre humanitaire sera nécessairement rare... Il n'empêche, dans sa rareté même et sa difficulté, la guerre humanitaire s'avère l'*ultima ratio* susceptible de tenir en respect la fièvre exterminatrice et contagieuse...

« Qui refuse une guerre qu'il ne peut éviter, la perd. Les démocraties s'échinent à perdre coup sur coup deux guerres humanitaires. En ex-Yougoslavie où les divers projets de règlements qu'elles souscrivent avalisent à mi-voix le résultat d'insupportables épurations ethniques. Au Rwanda dont la plongée au bout de l'horreur s'opéra sous leur nez, quand ce ne fut pas avec leur aide [...]. Sans prohibition d'une violence explosive, effrénée et de mieux en mieux armée, la planète passera table rase. Les anciens Grecs parfois érigèrent en impératif catégorique la nécessité de sauver, non pas les apparences, mais l'apparaître... Détruire ce qui détruit devient la plus élémentaire des exigences et la plus compliquée des procédures. »

4

La contre-guerre

> « J'accepterais la liberté venant de n'importe quelle main comme un homme affamé saisirait un morceau de pain. »
>
> Joseph Conrad [1]

Que de gesticulations inutiles, que d'incantations vaines... « Alerte aux kamikazes ! », « Appel à la guerre sainte ! », « Les ratés d'une guerre éclair », « La meurtrière bataille des villes », « Les ravages de la guerre », « Résistance irakienne », « Les marines piétinent », « Attention, guerre piégée ! », « Irak, Somalie, même scénario », « Good morning Irak ! », « Un nouveau Vietnam ? », « Les pièges d'une guerre folle », « Guerre ou Djihad ? », « Comment Saddam prépare la bataille », « Bagdad camp retranché », « Saddam tient tête », « Le Sud chiite ne faiblit pas », « Comment Saddam résiste », « Pourquoi la guerre dure », « les Faucons dans la tempête », « Américains et Anglais sont engagés dans un conflit

---

1. *Sous les yeux de l'Occident*, Flammarion, 1991.

long et meurtrier », « Le baroud de Saddam », « Les Britanniques s'inquiètent des méthodes américaines », « Le défi de Saddam Hussein », « Batailles à Bagdad », « La catastrophe », « Le naufrage », « L'enlisement », « La tragédie », « Comment la guerre de Bush met le feu au monde entier », « La secte Bush attaque », « La guerre sainte de Bush », « La faute de George Bush »... Rien ici n'est inventé, chacun y retrouvera ses petits, ce sont les titres de la grande presse française, dans l'ordre chronologique, du premier jour – « La guerre ! », 20 mars 2003 – au dernier jour – « La chute ! », 10 avril 2003.

Souhaits inavoués ? Pronostics stupides. L'Irak n'aura pas été un « second Vietnam » ni Bagdad « un nouveau Stalingrad ». Les GI's ne furent pas « enlisés dans le bourbier irakien » et les B52 n'ont pas écrasé des centaines de milliers, voire des millions de civils sous leurs « tapis de bombes ». Un cuistre à succès, le 5 avril, commente doctement l'inévitable défaite de l'empire sur une demi-page de quotidien : « L'arsenal américain a vieilli. Les villes irakiennes sont bombardées par des B52 qui datent des années 50... », quatre jours après... Tant pis pour les prédictions catastrophiques, les manifestants antiguerre pensaient avec leurs pieds. Les commentateurs apocalyptiques et autres annonciateurs de désastres qui étalaient doctement leur haine et leur panique sur les écrans, dans les micros et les pages des journaux, n'ont pas vu le temps passer. Ils entraient dans le XXIᵉ siècle avec quelques guerres de retard. Il n'y eut pas de répétition de la guerre d'Algérie et du Vietnam, toute chose prévisible pour qui voulait savoir, pour qui s'informait et pensait à la lumière des précédentes équipées au Kosovo et en Afghanistan. Vingt jours, « Bagdadgrad » n'aura pas duré trois semaines. L'opération « liberté pour l'Irak » fut un événement stratégique et moral d'une nouveauté radicale.

L'évocation de « précédents fâcheux », référence obligée et répétitive aux guerres coloniales, tombe à plat. A leur grand étonnement les censeurs du « camp de la paix » écopent de la malédiction qui foudroie souvent les états-majors chenus. Plombés par leur retard mental, il se retrouvèrent contredire une guerre qui n'avait pas lieu – un remake d'*Apocalypse Now* – et n'ont strictement rien compris aux opérations qui se déroulaient sous leur nez. A leur grande stupéfaction, le régime qui gouverna d'une main de fer vingt-quatre millions d'habitants pendant trente ans s'écroula en moins d'un mois. Qui plus est, côté soldats coalisés, les pertes furent insignifiantes, côté population civile elles furent réduites à un minimum jamais expérimenté dans la « conquête » d'un territoire grand comme la France, même si toute vie fauchée est à déplorer. Il n'est jamais trop tard pour remettre ses pendules à l'heure, à moins qu'on ne se spécialise dans la contestation des horloges.

Le défi des terrorismes d'après guerre froide étant sans précédent, il fut nécessaire de recourir à des opérations inédites pour le relever. Le chef du Pentagone avait prévenu : vous allez assister à une guerre telle que vous n'en avez jamais vue. Il tint parole, une fois n'est pas coutume. La chute de Bagdad inaugure un nouveau monde stratégique qui surprit même ses promoteurs, témoins les cafouillages des autorités US peu préparées à administrer une aussi prompte victoire.

L'IRRUPTION DE LA LIBERTÉ

Thèse de la pensée du 10 septembre : les guerres sont antédiluviennes, le temps travaille pour les patients et les prudents ; la paix, la loi et l'ordre d'abord, la liberté suivra.

Thèse de la pensée du 11 septembre : le temps est sorti de ses gonds, il faut oser penser : la liberté d'abord, la paix, difficilement, suivra.

Unie contre l'« aventurisme américain », l'opinion mondiale – ou supposée telle – a brandi les évidences du 10 septembre qui amalgament les habitudes de la guerre froide et les illusions de la décennie qui suit. Tant que s'opposèrent deux blocs, une règle du jeu implicite abandonnait à chaque partie le soin de régir ses adhérents et leurs conditions d'existence, fussent-elles infernales. Certes, l'Est et l'Ouest s'empaillaient et arboraient leurs définitions inconciliables des libertés chéries – privées ou collectives, formelles ou réelles, concrètes ou utopiques, à conserver ou à venir – mais le « monde libre » et le « camp socialiste » s'accordaient à réserver ce différend aux tribunes de propagande. La liberté demeurait une question interne à chaque bloc, tandis que la paix – les frontières, les niveaux d'armement, les conflits latents ou chauds – était presque l'unique objet des confrontations et des négociations entre blocs.

Loin d'atténuer le primat d'une recherche inconditionnelle de la paix, l'optimisme post-guerre froide l'accentua. Industrielle, nucléaire ou anti-coloniale, la guerre du xxe siècle délaissait les tréteaux, et sa mue terroriste, de Vukovar à Sarajevo, Alger, Kigali, Kaboul et Grozny inquiétait peu. La liberté parut plus que jamais un enfant de notre paix post-historique. Le temps est avec nous : lutter pour la paix c'est lutter pour la liberté. La tranquillité nous habite : lutter pour la liberté c'est avant tout lutter pour la paix. Erreur ! Ces prétendues leçons de la guerre froide restaient trop partielles pour être vraies. On oubliait un partage du monde cruel. On négligeait la lutte des dissidents, la révolte des ouvriers polonais, l'amour de la liberté révélé par de fameuses insurrections, Berlin, Budapest, Gdansk, Prague, répétées jusqu'à l'implosion finale. On s'obstinait à croire dur comme fer que seule la paix comptait et que le « reste » – la liberté, l'égalité et la fraternité – suivrait.

Moment de vérité, le 11 septembre 2001 inverse les facteurs. La liberté ne saurait être le simple produit interne des paix extérieures. La liberté devient un impératif inter-national, le pivot de la coexistence des peuples à l'ère du terrorisme sans frontières. Quand, en 1991, Milosevic lança ses équipées meurtrières, tous les grands de l'Europe occidentale estimèrent qu'avec quelques promesses de crédits et une aide économique conséquente ils auraient tôt fait de ramener l'homme de Belgrade à une raison bien-pensante et irénique : plutôt la paix et l'argent que la guerre et la destruction ! Milosevic, lui, pensait autrement.

Trompeuse illusion que celle qui prescrit qu'il convient d'attendre, que la longue durée travaille pour la démocratie, qu'une providence garantit l'avenir au nom de Dieu, du Marché ou du Progrès social. Pareille chimère déconnecte des malheurs du monde – puisqu'ils sont éphémères et puisqu'ils sont loin, ils sont sans importance. Sans importance vingt années de guerre en Afghanistan ; sans importance le sort des femmes afghanes ; sans importance les souffrances de la population tchétchène ; sans importance le fait qu'il eût suffi de cinq mille soldats pour éviter la mort d'un million de Tutsis ; sans importance la disparition à peine mentionnée de deux à trois millions de personnes dans l'est du Congo ; sans importance les deux cent mille tués au cœur de l'Europe en dix ans. Sans importance en vertu de NOTRE paix. Prendre au sérieux la chute des Twin Towers, c'est constater que dans le désert afghan et les grottes de Tora Bora se décide une part du destin de New York. Voilà qui entraîne une révolution mentale. Elle met à mal les habitudes confortables et douillettes de plusieurs générations occidentales qui coulèrent des jours heureux sous les ombrelles bienveillantes de la dissuasion nucléaire.

Les opposants irakiens font remarquer, depuis longtemps, que la principale arme de destruction massive de Saddam c'est Saddam lui-même. La fin de la guerre froide a simultanément permis la percée de démocrates, à l'exemple de Vaclav Havel, et l'émancipation de dictateurs, tels Milosevic et Cie. En Afrique, en Asie comme en Europe, le dégel fonctionna dans les deux sens. Les combattants de la liberté se sentirent des ailes. Les despotes se donnèrent les coudées franches. Ces chefs sans foi ni loi menacent leur propre peuple et, dans la mesure de leurs moyens, les peuples voisins : le terrorisme est une maladie d'autant plus contagieuse que les exécuteurs s'emploient à la répandre et à l'inoculer.

La force de nuisance, qui s'épanouit dans l'après-guerre froide, mobilise une double terreur. Interne contre ses propres troupes. Externe en vue de soumettre à son chantage les proches et les lointains. Ainsi le terroriste islamiste, exemplaire parmi d'autres, égorge-t-il ses frères musulmans en premier lieu, pour étendre ensuite sa vindicte, son Djihad au monde entier ; il passe saintement de l'exécution de l'apostat à l'assassinat du mécréant.

Les entreprises totalitaires d'antan assortissaient leur rage destructrice de promesses consensuelles et édifiantes ; désormais le carnage s'avance sans masque et tire argument de sa radicalité même. Je suis le plus fort, clamait jadis le tyran, en s'autorisant d'une « race » supérieure, d'une « classe » universelle, porteuses d'avenir. Je suis le plus destructeur, affirment leurs successeurs. Ils ne font plus mine de construire le Reich millénaire ou le Meilleur des mondes, ils s'éprouvent dans la démolition et se prouvent dans les ruines. Nietzsche distinguait, assez naïvement encore, le nihilisme homicide du fort, qui se permet tout, et le nihilisme suicidaire du faible, qui n'interdit rien. Les bombes humaines échappent à l'alternative, et bien avant elles déjà les possédés de Sade et de Dostoïevski – combien prémonitoires ! – se faisaient un point d'honneur de ne distinguer pas entre la jouissance de détruire et celle d'être détruit.

Lorsque George W. Bush épingle un « axe du mal », il nomme trois Etats voyous emblématiques. La liste n'est pas exhaustive, et les terrorismes incriminés ne sont pas de la même eau. Ils relèvent de traitements divers. L'important tient précisément à cette hétérogénéité, et c'est là ce que n'ont pas compris les « partisans de la paix » qui n'y virent qu'un méli-mélo brouillon. Une liste noire qui mentionne la Corée communiste déborde la mise en cause de l'extrémisme islamiste. La pathologie terroriste ne se réduit pas au fanatisme théologique, si spectaculaire soit-il. En fourrant dans le même sac Pyong Yang, Bagdad et Téhéran, la stratégie américaine n'emprunte pas la voie des croisades religieuses, ni n'avalise le fantasme d'un « choc des civilisations ». Qu'y a-t-il de commun entre Saddam Hussein le « laïc » qui garde ses rangers à l'heure de la prière, les mollahs iraniens pudibonds qui enferment les femmes et un Kim Jong Il amateur de cassettes hollywoodiennes, de bolides hors de prix et de belles pépées ? Certainement pas la culture, la religion ou l'idéologie. Il faut cueillir les terroristes au ras des pâquerettes, dans la boue et la pourriture de leurs activités morbides [1]. C'est là qu'ils se ressemblent, souvent rivalisent et parfois s'entraident. Principe commun terroriste : pour soi une licence absolue, face aux autres la haine abyssale des libertés individuelles.

DU VOYOU À L'ENNEMI DE L'HUMANITÉ

La traduction française « Etat voyou » du terme américain « *rogue state* » n'aura pas peu compté dans l'émoi des « antiguerre ». On a manqué la nuance d'humour noir et brutal, le trait de mépris que véhicule le vocable anglo-saxon : mal embouché ; ignoble gredin et pas malfrat de bon aloi. Tenir en respect un « voyou » est une affaire de police, l'Etat en est responsable quitte à ce que les citoyens disputent à l'infini du dosage réciproque de la répression et de la prévention. Un Etat voyou apparaît d'emblée comme un oxymoron, une contradiction dans les termes. Du coup, on s'inquiète moins du voyou que de l'arrogance du policier US, cet Etat au-dessus des Etats, qui prétend les saisir au collet. Le délit présumé est décrypté à l'aide de l'ordinaire batterie de concepts définissant un fait divers, les voyous opèrent au bout de la rue, et chacun de s'improviser conseiller pédagogique, avocat, protecteur de l'enfance

---

1. J. Ramoneda, *Del Tiempo condensado*, 2003, p. 359-366.

dévoyée, armée du salut, redresseur de torts. Le débat est interminable et prête à d'incessants retournements. La France venait, lors d'élections générales, d'opter pour la sécurité des banlieues en exigeant davantage de police et de punition, illico elle se rattrapa en étalant sa mansuétude et ses tolérances sur les banlieues du monde.

Le voyou et sa voyoute charment autant qu'ils inquiètent, et souvent charment parce qu'ils inquiètent. Rien dans l'accueil compréhensif que leur ménagent la grande et la petite littérature n'incline à les éradiquer, sans délai, morts ou vifs. Un voyou, de Villon à Mandrin, peut avoir bonne presse, il agrémente le folklore populaire. Saddam qualifié de « voyou » n'évoque pas la fausse-couche de Hitler et de Staline qu'il fut, mais un émule de Bonnie and Clyde, un Ali Baba, certes sanguinaire, mais tellement facétieux. Il n'y eut qu'à contempler les ravages que fit dans les têtes des reporters du monde entier Mohammed Al Sahaf, ministre de l'« Information », qu'ils côtoyaient quasiment nuit et jour dans l'hôtel Palestine. Etait-il rigolo, avec son béret noir du parti baas vissé sur le crâne, tempêtant ses contre-vérités avec une gouaille digne des plus grands comiques, roulant des yeux exaltés, annonçant les hécatombes de marines alors que les GI's campaient quasiment sous ses yeux et frôlaient son QG. « Les Américains prétendent que leurs tanks sont au milieu de la ville : c'est un mensonge ! clamait-il. Aucun char américain n'est dans Bagdad, jamais !... » (les chars étaient visibles dans son dos). « Nous leur infligeons de lourdes pertes et des centaines de leurs soldats ont commencé à se suicider. » Sa marionnette s'arrache aujourd'hui dans les rues de New York City. George Bush, dit-on mort de rire, ne manquait pour rien au monde une seule de ses prestations télévisées cyniques et cocasses.

La scène internationale tourne à la cour de récréation, fusent alors des noms d'oiseaux qui ne tirent guère à conséquence, chacun retournant le compliment à l'envoyeur : c'est çuikidikilé [1]. Est voyou l'énergumène qui s'arroge le droit de stigmatiser l'autre. Puisque George Bush vitupère Saddam, il est contrevenant. Celui qui manie l'injure dépérira par l'injure. « Bush assassin ! » crie la rue. Renvoyés dos à dos, tour à tour gendarmes et voleurs, les protagonistes sont priés de jouer dans leur coin et de ne point troubler la paix, nous sommes adultes, que diable !

Si le juriste et le philosophe daignaient ne pas se satisfaire de traductions expéditives, ils eussent repéré sous le costume puéril du « voyou » un cri-

---

1. Jacques Derrida, *Voyous*, Galilée 2003 : « Les plus rogue des rogue states ce sont ceux qui ont mis en circulation et en œuvre un concept comme celui de rogue state », p. 138.

minel moins équivoque. Le code européen distingue depuis longtemps l'adversaire (*justus hostis*) protégé par le droit de la guerre et le hors-la-loi absolu, ennemi du genre humain (*hostis generis humanis*) dont l'exemple type et longtemps unique fut le pirate.

Le pirate ne fait pas le tri, il ne respecte aucun pavillon ; navire de plaisance, de commerce ou vaisseau armé, civils ou militaires, marins ou passagers, tous sont une bonne proie, à piller, à violer, trucider tels quels, à revendre aux marchands d'esclaves ou à négocier comme otages. A partir de la paix d'Utrecht (1713), les puissances européennes conviennent de ne plus protéger, chacune pour son compte, les « flibustiers » et décident de poursuivre comme criminels les écumeurs des mers. La jeune république des Etats-Unis appliquera cette jurisprudence en intervenant (déjà !), au début du XIXe siècle, en Méditerranée. Sa flotte punit Alger et Tripoli, grands havres de la piraterie « barbaresque », dont les navires et les citoyens d'Amérique avaient à pâtir.

Puisque le pirate agresse n'importe qui sans sommation ni restriction, il ne bénéficie pas des accords tacites ou écrits qui limitent (très relativement) la violence guerrière. Le pirate peut être attaqué par surprise, sans déclaration. Voilà un statut extra-

ordinaire, il annonce les épineuses questions soule-
vées par la nouvelle guerre contre le terrorisme,
avec, à la clé, le risque de traiter comme « hors-
toute-loi » des innocents pris dans la nasse. A
l'exemple de Guantanamo, dont le statut exorbitant
inquiète, à juste titre, la Croix-Rouge et le gouvernement anglais, parmi d'autres. Encore faut-il, pour
appréhender convenablement les risques et les
dérapages, reconnaître préalablement la légitimité
du problème posé par la piraterie comme par le terrorisme moderne. Ni criminalité intra-étatique, à
soigner avec les moyens courants de la police, sous
la juridiction des lois républicaines. Ni hostilité
interétatique réglée, en principe, par les usages
et les conventions liant des nations qui se
reconnaissent réciproquement.

Lorsque la guerre contre les civils devint une
stratégie dominante des puissances totalitaires,
l'ancien statut « exorbitant » du pirate tomba dans
l'oubli et l'incompréhension. Carl Schmitt, juste
revenu de son apologie de l'état-major nazi et de sa
conquête européenne, s'élève contre la condamnation juridique du pirate ; il ne veut y voir que
l'« arrogance » (sic) universaliste d'un empire mari-
time, anglais d'abord, américain bientôt, qui fait de
la liberté des mers sa propriété. La thèse inverse
pourtant s'impose car les puissances européennes
défendent en chœur une liberté de navigation qui

profite à l'ensemble des nations. La mer appartient à tous et à personne – *res omnium* ou *res nullius* –, et le pirate offense chacun en coulant qui bon lui semble.

Cette première esquisse de la notion de « crime contre l'humanité » parut rédhibitoire, on le comprend, à un Carl Schmitt écrivant son testament politique, *Der Nomos der Erde*, cinq années après que furent rendues les conclusions du tribunal de Nuremberg, dont il ne tient aucun compte. Sous-entendu, cette juridiction n'a rendu aucune justice, elle n'énonce que le diktat des vainqueurs ; les Alliés exécutent, comme les Anglais pendaient. Pirates et chefs nazis sont victimes de la dictature libérale. Le sous-entendu de ce sous-entendu, le principe qui se love derrière ces propos de circonstance très datés, c'est l'axiome souverainiste. Le crime est défini par la loi, la loi est dictée par le souverain, le souverain qui « décide » des lois est *ipso facto* au-dessus d'elles, maître après Dieu, or Dieu n'intervient plus dans la politique rationnelle d'une Europe post-guerres de religion, donc...

Récapitulons : le souverain, maître comme Dieu, dicte les lois qui décrètent ce qui est crime ou ce qui ne l'est pas. Conséquence : le tueur est pendable haut et court si, et seulement si, un souverain le désigne tel. Conclusion : le souverain seul différenciant les actions légitimes ou illégitimes, seul un souverain universel est habilité à débusquer un crime universel. Il faut être, ou se croire, Maître du monde pour épingler un pirate, un SS, un Ben Laden ou un « rogue state » comme « ennemi de l'humanité ». Pour ne pas être « arrogant » et respecter la règle de souveraineté, il eût fallu demander à Hitler de juger Hitler et à Saddam de se condamner lui-même.

La « guerre contre le terrorisme » se soutient du principe inverse : la perception du crime précède et fonde la loi qui en porte condamnation. Il fallut Auschwitz pour concevoir la convention définissant et interdisant le « génocide ». Inutile d'attendre que l'autorité d'un souverain universel exhibe Manhattan détruit comme exemple d'un péril mondial. Il faut et il suffit que l'événement dévoile ce terrorisme inédit, sa menace éminemment reproductible et la nécessité d'y faire face. De même que l'existence de la piraterie fonde l'accord des nations qui se liguent contre elle et, par suite, mesure leur sincérité et leur efficacité, de même la révélation d'une peste liberticide permet de juger les paroles et les actes de ceux qui prétendent s'opposer à elle. Seule sera légitime, donc propre à fonder une législation internationale, l'action antiterroriste qui prend le problème à bras le corps, passant outre les objurgations creuses et les effets de manches.

« Peut-être chacun devrait-il balayer jusque devant la porte d'autrui. On ne peut plus m'interdire d'entrer dans la maison de mon voisin s'il est en train d'abattre ses enfants à coups de hache. Il ne peut y avoir de morale européenne, chrétienne et européenne, tant que subsistera le principe de non-immixtion », relevait Joseph Roth, prophète de malheur en 1937. L'écrivain vitupérait le principe de souveraine indifférence, « chacun balaie devant sa porte », en condamnant cette « philosophie de concierge ». (Le syndicat des employés de maison devrait rétrospectivement élever une protestation justifiée.) Soixante ans plus tard, cette philosophie de la non-ingérence a infesté les méditations du « camp de la paix ».

Premiers pas d'une stratégie antiterroriste

« Liberté pour l'Irak », l'opération menée par les coalisés contre le régime de Saddam Hussein, illustre la difficulté majeure que toute manœuvre analogue affrontera à l'avenir, dans des circonstances souvent moins favorables. Puisque le terrorisme est essentiellement une guerre contre les civils, il utilise sans scrupules, comme otages et comme boucliers, les populations qu'il tient sous sa férule. Evitant le piège ainsi tendu, les coalisés antiterroristes s'obligent à mener une paradoxale « guerre humanitaire », dont la règle N° 1 consiste à épargner au maximum les civils, en frappant avec minutie les seuls militaires afin que ces derniers déposent les armes et s'évaporent dans la nature. Cette nouvelle règle du jeu, rodée contre Milosevic et les talibans, implique une triple révolution de l'art militaire :

• *Armement.* Imposer sur le terrain la distinction du militaire et du civil, face à un adversaire qui s'emploie à les entremêler et les confondre, suppose des forces de frappe d'une extrême précision, capables d'anéantir un édifice ou un engin en épargnant les environs immédiats. On vit des blindés planqués dans des ruelles broyés sans que les immeubles alentour fussent égratignés. La mise en place de telles « armes intelligentes » implique des décennies de recherche et d'investissement. Des milliards de dollars sont ainsi dépensés dans l'industrie d'armement. Quel scandale moral ! Tant d'argent pour éviter d'écraser en bloc sous des nappes de bombes femmes, enfants et autres sans défense [1] !

Il serait plus facile pour la première puissance du monde de rayer carrément les villes de la carte, inu-

---

1. Dans la première guerre du Golfe (1991), seulement 9 % des munitions étaient « guidées » ultra-précisément. En 2003, 70 %. M. Boot, « The New american Way of War, *Foreign Affairs* », juillet 2003. Et T. Delpech, « Bagdad, trois leçons pour une crise », *Politique Internationale*, n° 100.

tile pour cela de perfectionner les B52. Une guerre non humanitaire coûte moins cher en dollars mais bien davantage en chair humaine. Pas de chance pour ceux qui prédirent la réédition du guêpier vietnamien, le Pentagone tirait les conséquences de son échec d'il y a trente ans. La dernière offensive des Vietnamiens du Nord servit de leçon. Les tanks communistes déferlèrent sur Saigon en s'abritant derrière un gigantesque rideau de civils affolés, les troupes sud-vietnamiennes n'eurent pas le cœur de tirer dans les milliers d'innocents, elles furent submergées. Avec plus de maladresse, mais dans la même veine, l'armée fédérale serbe esquissa parfois des manœuvres parentes ou préféra prendre en otages des casques bleus impuissants.

A Moscou, le spécialiste Pavel Felgenhauer raconte comment les militaires russes se gaussaient des bombes « intelligentes » et autres missiles de précision. Les tenant pour de « coûteux gadgets et non pas de véritables armes », ils ne leur accordaient aucune utilité et se tordaient de rire, ce n'était rien qu'affaire de publicité et de promotion rondement menée, à l'américaine. Mais voilà où le bât blesse. Nos galonnés ricanants n'ont ni appris ni compris le respect de cette « chose » que leurs maîtres de guerre intitulent le « matériel humain ». La précision des explosifs ne semble d'aucune utilité à ceux qui bousillent tout sur leur passage.

Le souci humanitaire jamais ne les retint, ni en Afghanistan hier (un million de morts civils), ni en Tchétchénie aujourd'hui (deux cent mille morts, les comptes restent ouverts [1]).

• *Manœuvres*. Décevant l'attente des pronostiqueurs hostiles, le corps expéditionnaire anglo-américain contourna les agglomérations, évitant systématiquement le siège des grandes villes et les combats urbains. Ce n'était pas lâcheté, comme certains le prétendirent, ou enlisement, comme d'autres se réjouirent, c'était encore simple économie de la vie humaine, celle des soldats comme celle des habitants. L'extrême rapidité de la marche sur la capitale et l'annihilation ciblée des réseaux de communication, puis des états-majors locaux (casernes, centres du parti baas et de l'Administration), puis des engins militaires, fussent-ils dispersés et camouflés (tanks), suffit à terrasser l'ennemi. Cette destruction extrêmement hiérarchisée et ponctuelle des organes de pouvoir, préalablement repérés, marque un tournant qualitatif : grâce à sa maîtrise technique, très pointue, une armée extérieure bien renseignée s'est payée les cibles et les objectifs jusqu'alors dévolus aux seuls coups d'Etat ou aux insurrections ourdies de l'intérieur. Les coalisés ont en quelque sorte réussi une révolution

---

1. Sylvaine Pasquier : « L'Irak, défaite de l'armée russe », *L'Express*, 22 mai 2003.

d'Octobre à l'envers en s'emparant des centres de décision avec la même célérité et audace que la poignée de Bolcheviques qui se saisirent de Petrograd sous la direction de Trotski et Lénine.

Une victoire aussi vite obtenue fit fulminer derechef les gradés russes, humiliés de voir leur matériel partir en fumée. La rapidité de l'opération prouvait que « Saddam était entouré d'un mauvais peuple ». Le général Radionov résumait ainsi l'exaspération de ses collègues : « Les Irakiens détenaient toutes les armes nécessaires pour livrer un combat sérieux. Quelques engins anti-tanks et anti-hélicoptères, facilement introduits de l'extérieur, suffisaient pour détruire les cuirasses américaines. Voyez Grozny, à combien nous entrâmes dans la capitale et comment, lors de la première guerre, la moitié seulement en ressortit[1] ! » Autre armée, autre époque !

Mauvais peuple, mon général ? Certains de vos collègues irakiens se seraient vendus aux services secrets américains, le défenseur de Bagdad en tête, Maher Soufiane al-Tikriti, qui expédia la garde spéciale sous le feu des blindés ennemis. Retournés parce que achetés au prix fort par la CIA ? C'est le genre d'aventures que vous devez comprendre, les histoires d'officiers vendeurs-vendus abondent en

---

1. A. Pumpyansky, *Novoe Vremya*, 16 mai 2003.

Tchétchénie. Je les y ai vérifiées puisque, pour une poignée de dollars, je me suis fait, à l'occasion, voiturer par un colonel du FSB, tout clandestin que j'étais.

* *Opportunité* (le *kairos*). Accomplir de l'extérieur le renversement (« révolutionnaire ») d'une dictature suppose qu'on saisisse le moment politiquement propice où une estocade militaire suffit à la décapiter. Avant l'opération, les objections fusèrent prédisant la perdition d'une armée peu nombreuse (quelques dizaines de milliers sur le terrain) dans un vaste pays de vingt-quatre millions d'habitants prêts à la résistance. C'était ne pas compter avec l'usure d'une dictature totalitaire au fil de trente-cinq années de bains de sang intérieurs et extérieurs. Après coup, les mêmes critiques, plus quelques nouveaux, se gaussèrent du déséquilibre des moyens et objectèrent qu'un régime qui s'écroule aussi rapidement ne mérite point un tel déploiement de forces, il serait tôt ou tard tombé de lui-même. Bref, dans un premier temps, Saddam représente un trop grand danger parce qu'il regroupe son peuple autour de lui ; puis, dans un deuxième temps, puisque son peuple le délaisse, la prise ne vaut pas les efforts déployés. Les spécialistes de la méthode Coué ne craignent pas le ridicule : avant, c'est trop difficile ; après, c'est trop facile. Soyons sérieux : une stratégie antiterroriste

soucieuse d'économiser au maximum les pertes des deux côtés se doit de frapper le maillon faible à l'instant de sa plus grande faiblesse. Karim K., ancien cadre du parti baas à Saddam City : « Je n'ai fait de mal à personne, c'est la dictature qui voulait cela. Elle ne tenait que par la terreur, l'argent, le mensonge. Chacun de nous avait peur de celui qui était au-dessus de lui. Voilà pourquoi tout s'est effondré aussi facilement [1] ».

Est terroriste, dit le démocrate, celui qui mène délibérément la guerre contre les civils. Donc, est antiterroriste une guerre qui s'oppose, par sa cible comme dans ses méthodes, au massacre des innocents. L'autocrate, au contraire, définit comme terroriste qui lui résiste. Il travaille au rouleau compresseur, sans faire de tri. Entre les opérations russes dans le Caucase et anglo-américaines en Irak l'antinomie est radicale. Le parallèle dressé par un périodique russe parle de lui-même :

Le match Bagdad-Grozny

Bagdad est pris, la guerre est terminée. Le monde entier relève la tête en direction des tableaux qui affichent les cotations en Bourse : dollar, prix du baril, actions... mais nous, les Russes, sommes plus ou moins obligés de penser à autre chose :

---

1. *Le Monde*, 17 mai 2003.

– vingt et un jours de guerre contre sept ans;
– 132 tués dans les rangs américains et britanniques, plus
de 10 000 morts de notre côté, en Tchétchénie; environ
4 000 victimes irakiennes, plus de 100 000 Tchétchènes;
pour les Etats-Unis, l'Irak est situé de l'autre côté de
l'Atlantique; la Tchétchénie, elle, est limitrophe de la
Russie (ou en fait partie);
– la superficie de l'Irak est de 483 300 km², il compte
22 millions d'habitants; la Tchétchénie occupe 16 000 km²
et abrite 1 million de personnes. Pourquoi Bush a-t-il
gagné si facilement, si vite, avec aussi peu de morts, en
territoire étranger? Alors que nous, malgré une héca-
tombe, nous nous enlisons chez nous? Question d'arme-
ment? Les Tchétchènes sont bien plus mal équipés que
les Irakiens et des centaines de fois moins nombreux. Le
moral des troupes? Les Américains étaient nettement
plus loin de chez eux que le sont les Russes dans le Cau-
case. Alors, quand on cherche les raisons de cette
effroyable différence de résultat, on pense que les
commandants américains n'ont jamais songé à vendre
des armes à l'ennemi, que les colonels américains n'ont
pas eu l'idée de violer et d'étrangler des jeunes filles, ni
d'ouvrir des corridors pour laisser sortir des partisans
armés de Saddam Hussein contre de l'argent. Les Améri-
cains et les Britanniques ne se sont pas servi en télés et en
tapis dans les maisons irakiennes... Bagdad, cette capitale
est restée presque intacte, tandis que Grozny est un
champ de ruines [1]

---

1. Alexandre Minkine, *Moskovski Komsomolets*, Moscou
(*Courrier international*, 17 avril 2003).

La réussite tactique du débarquement en Irak n'implique nullement que les terroristes seront détruits et éradiqués n'importe où et n'importe comment par une puissance de frappe omnipotente et quasi magique. Mener à résipiscence un carré de « voyous » demeure une tâche compliquée pour un état-major attentif au sort des civils, donc soucieux de ne pas répondre au terrorisme par le terrorisme. Aux ressources techniques et tactiques, au sens de la manœuvre doit se conjoindre une judicieuse évaluation des circonstances et des lieux. Revenons sur le calcul sociopolitique sous-jacent.

Il faut couper la route de Riyad

Pourquoi s'acharner sur l'Irak alors que le Yémen, le Pakistan ou la Corée du Nord, à titres divers, ne constituent pas de repaires moins inquiétants et autant de modernes îles de la Tortue pour les pirates terroristes ? Les uns crièrent à la faute, les grands malins au leurre. Restons calmes et voyons qui fut dupé.

Clausewitz distingue deux finalités de l'opération guerrière : 1) son objectif proprement militaire (« *Ziel* », ici le renversement du dictateur) ; 2) son but géopolitique (« *Zweck* », ici la réduction du danger terroriste mondial). Qu'en est-il de cette seconde dimension ? Victorieuse sur le terrain, la coalition verserait-elle globalement dans un activisme à courte vue ? Vouée à l'échec immédiat par ses contempteurs, l'offensive sur Bagdad devait soulever contre elle le « monde » musulman qui, de Nouakchott à Kuala-Lumpur, allait incendier illico la planète. Tel ne fut pas le cas. On ne perd rien pour attendre, prophétisent les critiques impénitents, l'éviction du tyran « humilié » cimente le « monde arabe » en exaspérant son ressentiment anti-occidental, tandis que l'extrémisme religieux sévit toujours à Khartoum comme à Karachi. La prise de Bagdad serait-elle un coup d'épée dans l'eau puisqu'elle n'est pas le coup de baguette magique qui résout tous les problèmes ? Pis encore, l'opération est-elle contre-productive, accroissant les périls qu'elle prétend maîtriser ? La question s'impose, il faut juger l'expédition « Liberté pour l'Irak » sur le but géopolitique (*Zweck*) qu'elle s'assigne : une étape dans la lutte prolongée contre le terrorisme international. Je pense que c'est dans ce cadre élargi qu'elle trouve sa nécessité et promet sa longue portée.

L'objectif militaire était Bagdad. Le but politique est Riyad. Avant le 11 septembre 2001, des esprits avertis, mes amis algériens ou afghans pas moins experts que les experts de Washington, doutaient depuis longtemps des bons sentiments saoudiens, ils en avaient expérimenté les bienfaits chez eux, et dans la chair de leurs proches, ils le clamaient à la face du monde et prônaient la vigilance, en vain. Seule la chute des Twin Towers amena les Etats-Unis à reconsidérer une vieille connivence. La belle et bonne alliance scellée par Roosevelt avait enfanté un monstre [1]. L'Arabie est un vivier du terrorisme, Ben Laden y recrute ses exécuteurs et tous les groupes armés de l'Islam y trouvent leurs financements. La batterie de slogans mortifères émane des kiosques wahhabites. Pas question cependant d'user de la force armée, ce serait pour le coup de l'aventurisme débridé. La Mecque est un sanctuaire intouchable. Seule solution : contourner l'obstacle, neutraliser la région, placer sous scellés les enjeux – libérer Bagdad pour geler Riyad.

Le contrôle sur l'Arabie Saoudite aiguise les appétits depuis belle lurette. Khomeiny puis Ben Laden et Saddam guignaient la superconsécration. Soumise à des féodaux séniles et à ses princes corrompus, végétant dans son échec économique et social, analphabétisée par le wahhabisme dominant, l'Arabie est l'animal malade de la région. Simultanément dépositaire de trois magots – la manne pétrolière, la puissance des pétrodollars investis en Occident, le trésor théologique de La Mecque –,

---

1 Cf. Abdelwahab Meddeb, *La Maladie de l'Islam*, Seuil, 2002.

l'Arabie est l'enjeu des enjeux ; qui la possède peut faire chanter le monde entier.

Pour Khomeiny, la prise de Téhéran amorce la prise de la Kaaba. Pour Ben Laden, l'attaque des Twin lance une OPA parente sur l'héritage saoudien ; quant à Saddam Hussein, s'il joua son va-tout en annexant *manu militari* le Koweït, il ne cherchait pas à accroître ses réserves pétrolières déjà immenses, il tentait la mainmise sur la région entière, les trésors de l'Arabie lui eussent conféré la toute-puissance politique, économique et surtout théologique sur l'Ouma musulmane.

L'opération des coalisés contre Bagdad, loin de lancer une nouvelle guerre, vise en revanche à interrompre la longue guerre de succession d'Arabie Saoudite. L'intrusion des marines doit refroidir les ambitions surchauffées, aussi peu scrupuleuses lorsqu'elles se réclament du ciel d'Allah que de la terre de Nabuchodonosor. Sous des alibis concurrents, aventuriers chiites, sunnites, baasistes – *i.e.* fascistes staliniens, verts, noirs, rouges – manifestaient une seule et même volonté de s'emparer d'un centre de pouvoir d'amplitude potentiellement universelle.

Qui déclenche la mobilisation religieuse, *via* La Mecque, de plus d'un milliard de fidèles, qui dispose des pétrodollars pour financer des armées de tueurs, qui joue de l'« arme énergétique » pour paralyser le reste du monde, se sent plus fort que Staline et Hitler réunis. Les gérontes de Riyad n'ont pas l'énergie suffisante, Khomeiny, Ben Laden et Saddam promettaient d'organiser l'apocalypse.

La prise de Bagdad s'inscrit dans une géopolitique dissuasive, elle vise à débrancher et désespérer par avance les terrorismes rivaux ou leurs successeurs fascinés par le trésor théologique et financier. Bagdad verrouille la course sur Riyad et met un cran d'arrêt aux escalades messiano-terroristes. Le fol espoir d'installer ses quartiers au foyer où ciel et terre se rejoignent tombe à l'eau. Riyad placée sous surveillance, les dynamiteurs de l'univers auront la tâche moins facile. La guerre de succession d'Arabie, qui fanatisa les esprits un tiers de siècle durant, doit devenir sans objet ou pour le moins déconnectée de l'immédiate et brûlante actualité. Après la prise de Kaboul, la libération de Bagdad est un moment clé d'une stratégie de désamorçage.

La bataille des idées : L'exemple iranien

Foin d'un préjugé commode et simplet ! Bataille militaire et bataille des idées, loin de toujours s'exclure, peuvent fraterniser. La victoire par les armes en Irak s'accompagne d'une victoire dans les âmes en Iran :

Les gouvernants iraniens sont inquiets ; inquiets de la présence américaine à leurs portes, à l'est comme à l'ouest, inquiets de l'invasion de l'Irak « avec si peu de résistance populaire », inquiets du renversement rapide du régime de Bagdad, inquiets de la marginalisation de l'ONU, inquiets de la désillusion totale du peuple iranien qui, depuis le début de la crise irakienne, se traduit par un pro-américanisme acharné de la population... mais surtout inquiets de la *vox populi* qui réclame « un changement de régime avec l'aide des marines américains ». Cette revendication est prise au sérieux dans les cercles politiques pour que la reprise des relations avec l'Amérique – tabou vieux de vingt-quatre ans – soit désormais à l'ordre du jour à Téhéran. Ces relations avaient été rompues à la veille de l'établissement de la République islamiste et de la prise en otage de 55 diplomates américains en 1979...

« Les Afghans et les Irakiens ont bien été débarrassés de dictatures, dit un cinéaste, pourquoi pas nous ? » S'il arrive à l'homme de la rue d'évoquer l'arrivée des marines, les intellectuels ne prévoient pas une ingérence militaire, mais « une ingérence politique ».

Même « ras-le-bol » chez les étudiants. Le mouvement des étudiants s'est retiré des organisations réformatrices. Un de ses membres, sous couvert d'anonymat, avertit les Américains de « ne pas serrer la main du régime ». Celui-ci ne veut parler de la reprise des relations que

« parce qu'il a peur des Américains. L'anti-américanisme, ajoute cet étudiant, est le fonds de commerce du régime » [1].

Loin des espérances feintes ou innocentes nourries par le « camp de la paix », le prétendu « monde arabe » ne fit pas bloc, il se contenta, çà et là, d'émettre des protestations quasiment de principe, tandis que sous cape beaucoup soutenaient l'action de la coalition. Les régimes établis se savent fragiles, un pouvoir militaro-théologico-terroriste à Riyad signerait leur arrêt de mort. Leur intérêt bien compris exige l'élimination d'une possibilité angoissante. Au Quai d'Orsay, par tradition, les experts prennent leurs désirs pour des réalités dès qu'ils prétendent parler au nom d'un « monde arabe » foncièrement antiaméricain. Ils confondent depuis des lustres la paralysie des gouvernements conservateurs et les prêches furieux des prédicateurs du vendredi. La réalité terroriste démystifie le vieux fantasme de l'« unité » arabe, elle contraint chacun, responsable ou simple citoyen, algérien, parisien, indonésien ou yankee à prendre ses responsabilités, ou à prendre la responsabilité de les fuir.

L'antiterrorisme nécessite de la part des démocraties un dispositif à deux niveaux. Objectif opérationnel : réduire militairement un appareil « voyou »

---

1. Afsané Bassir Pour, envoyée spéciale à Téhéran, *Le Monde*, 25 avril 2003.

– pulvériser le pouvoir taliban, abattre le régime du Baas. Finalité géopolitique : contenir et paralyser les « parrains » qui travaillent en coulisse – le Pakistan derrière l'Afghanistan intégriste, l'Arabie à la fois flèche et cible du terrorisme arabe.

Les naïfs et les faux naïfs confondent les deux dimensions et posent les mauvaises questions : les chars Abrams investiront-ils l'une après l'autre les capitales du Moyen-Orient ? Le Pentagone va-t-il « remodeler » à coups de bombes la région comme s'il disposait à son gré d'une terre vierge livrée à ses inspirations artistiques ? La querelle trois fois millénaire de Jérusalem trouvera-t-elle une issue sublime dans les trois ou six mois qui vont suivre le départ de Saddam ? Autant d'interrogations, plus ou moins ingénues, accumulées afin de se détourner de la longue durée de la lutte pour la survie engagée contre le terrorisme.

Saddam Hussein, on s'en souvient, expédiait des petits trésors en dollars aux familles de « martyrs » palestiniens pour les récompenser d'avoir envoyé leur progéniture se faire exploser dans les bus de Haïfa, les discothèques de Tel-Aviv et les cafés de Jérusalem. Au désespoir des tireurs d'horoscopes alarmistes, catastrophistes ou malintentionnés, l'intervention armée, étrangère, contre la dictature de Bagdad n'a nullement aggravé le conflit entre

Israël et la Palestine. Après la défaite de Saddam
en 1991, il y eut le processus d'Oslo. Après la chute
de Saddam, nouveau retour à la table des négociations, sous l'égide d'une « feuille de route » améri-
cano-euro-russo-onusienne instaurant pour la
énième fois (la bonne ?) deux Etats sur une même
terre. Ce parallèle coupe néanmoins les ailes aux
espoirs démesurés. Le long cours ne dépend pas en
ligne directe de la prise de Bagdad, mais des acteurs
concernés et de leur volonté, sérieuse ou pas, d'oser
une solution qui coûte force renoncements à
chaque camp avant de bénéficier aux deux.

L'enjeu dépasse, certes, les populations sur le terrain, qui pourtant jouent leur survie. Il serait puéril
de feindre ignorer que trois religions du Livre universelles se disputent Jérusalem et s'acharnent, bon
an mal an, depuis une quasi-éternité, les unes
contre les autres et chacune contre elle-même.
Dorénavant, plusieurs milliards de fidèles télé-
participent à une « querelle des Lieux saints » plus
ouverte, mondialisée et fiévreuse que celle nouée
autour de La Mecque. Dans les deux cas, la dissuasion extérieure, armée, doit se doubler d'un travail
que chaque camp accomplit sur lui-même, en dis-
suadant son « hybris » spécifique. La victoire anglo-
américaine à Bagdad a donné un sérieux coup
d'arrêt. « On ne peut garder éternellement trois
millions et demi de Palestiniens sous *occupation* »,

en prononçant le mot sacrilège, Ariel Sharon, qui n'est pas une blanche colombe, envoyait dans les cordes les émules de Baruch Goldstein et les assassins de Rabin. Yasser Arafat, légende vivante et prophète des terroristes passés et présents, déboulonné, passe peut-être la main. Un profane, un homme rien qu'un homme, Mahmoud Abbas, lui succède. Avant de mettre fin à une guerre sans fin, il faut la désenchanter.

Une dissuasion philosophique

Qu'est-ce que dissuader ? C'est faire ne pas faire. L'arrivée des GI's en Irak éclaire une mutation décisive, on passe de la dissuasion restreinte (bloquer le spasme nucléaire) à la dissuasion généralisée (contenir l'incendie terroriste). Comment procède la dissuasion ? En escamotant purement et simplement l'objet de la querelle. Si la victoire escomptée menace d'engloutir les deux adversaires, s'ils ont tout à perdre et plus rien à gagner, l'affrontement tourne à l'absurde. Pareil désamorçage rationnel déborde, et de loin, la circonstance particulière des rivalités nucléaires. Le choix d'instaurer une paix par voie négative est constitutif de la culture occidentale : et le combat cessa, non pas faute de combattants, mais faute d'enjeu. Notre premier historien, Hérodote, nous conte le dialogue de l'ancien roi de Sparte réfugié chez les Perses, Démarate, avec Xerxès, qui à la tête d'une formidable armada s'apprête à envahir le Péloponnèse [1].

Qui ai-je en face moi, interroge le despote oriental, quel est mon homologue modèle réduit ? Personne, répond le roi grec, nul ne détient l'autorité à Sparte ou à Athènes, seul règne « *nomos* », la loi. Au cœur de la cité se creuse l'Agora, la place publique, l'ancien cercle des guerriers égaux devenu assemblée des citoyens libres. Au centre du cercle, aucun pavois, aucun trône, rien, et ce rien est crucial. Déjà, en des origines mythiques, sur la scène primitive que dresse le livre des livres, l'*Iliade*, les plus valeureux combattants contraignent le chef suprême à partager son pouvoir. L'héroïque Achille, le rusé Ulysse, le sage Nestor, le fougueux Ajax obligent Agamemnon à refouler son désir de toute-puissance. Pareillement les sept sages légendaires de la Grèce n'affichèrent leur sagesse qu'en se délestant d'un commun accord du fameux tabouret destiné « au plus sage » ; ils le balancèrent dans la mer. Sans se lasser, l'Occident réitère qu'il n'est pas de sauveur suprême, ni César omnipotent, ni tribun omniscient. Lorsque le message est négligé, de funestes conséquences viennent en raviver l'absolue nécessité. Derrière les dissuasions militaires (« la liberté ou la mort ») et juri-

---

1. Hérodote, *Histoires*, VII, 102-3.

diques (séparation des pouvoirs), travaille une dissuasion philosophique qui les fonde et qu'elles mettent en pratique.

Nul n'a la haute main sur la définition de la vérité ou sur l'affirmation de la puissance ; les fameuses « valeurs suprêmes » ne valent que pour des hommes libres, donc égaux devant le vrai, le beau, le bien, donc également susceptibles de se méprendre. Est sage celui qui profère socratiquement : je sais que je ne sais rien. Est chef celui qui avoue : je sais que je ne peux pas tout.

La prise de Bagdad, coup de pied dissuasif dans la fourmilière des pulsions de destruction, interrompt le discours conquérant des terrorismes politique et théologique. Le haut lieu où le savoir de tous les savoirs se noue au pouvoir de tous les pouvoirs est placé hors d'atteinte. Donnez-moi Riyad et La Mecque, je vais soulever le monde, signifiaient Khomeiny, Saddam et Ben Laden. Leurs marches respectives un temps triomphales s'est interrompue. Pour le moment, « *game is over* ».

En coupant la voie royale vers la capitale virtuelle du terrorisme mondial, les GI's accomplissent, peut-être à leur insu, un formidable dynamitage philosophique. Ils prononcent la séparation des autorités céleste et terrestre. Ils interdisent la confusion des genres. Ils rendent à Dieu ceux qui se consacrent au service divin et à leur liberté les hommes purement hommes. Pareille fracture du spirituel et du temporel n'a rien qui offense les plus hautes traditions coraniques; dans leurs versions chiite ou sunnite elles pratiquent à leurs frais l'art des herméneutiques qui distinguent l'esprit et la lettre. Seuls se retrouvent blessés, et c'est tant mieux, les intégrismes littéralistes et les drogués du fanatisme qui brandissent le Coran – la Bible ou quelque autre Livre saint – comme une recette de cuisine, un manuel de combat, un bulletin d'informations passées, actuelles, éternelles et indubitables, un cadastre, un guide des élégances sexuelles, corporelles et mentales.

La lutte contre le terrorisme exige la schize du ciel et de la terre. Quand le ciel étouffe la terre ou quand la terre règne sur le ciel, l'enfer totalitaire dans les deux cas a pour ennemi juré et la liberté des consciences et la conscience de la liberté.

Humilié le Moyen-Orient? Pas davantage que l'Allemagne du XVIIIe siècle pestant contre les « Lumières » anglo-françaises et leur impérialisme culturel. Pas plus que la Russie du XIXe braquée contre l'Europe éclairée (Allemagne comprise), cette mécréance peu respectueuse de l'infaillibilité des traditions grand-russes. La plainte rageuse de l'« humiliation » resurgit chaque fois qu'une société close et confite dans son éternité se découvre participer à l'ébranlement planétaire, lequel fut inauguré des siècles auparavant par une multitude de minuscules et grandioses cités grecques.

La liberté est un virus redoutable. Rien n'y fait, le mouvement est irrésistible, les idées et les marchandises circulent, les individus se déplacent, les modes de vie se confrontent et s'interpénètrent, les us et les coutumes ont le tournis et mutent. L'alternative toujours se répète. Ou bien tenter de stopper par et dans la terreur cette vertigineuse vacillation. Ou bien assumer le risque en s'acceptant libre. Déclamée sur tous les tons, dans toutes les langues, sur toutes les lèvres, l'« humiliation » n'est que la dénégation péremptoire et l'indirecte manifestation de l'angoisse. Celle, inévitable, de celui qui découvre combien « Providence », « destin », « fatalité », « *mektoub* », « *Geschick* » ne sont que les fausses identités de ses responsabilités à venir.

Le débarquement militaire à Bagdad est un coup d'envoi seulement, mais un coup réussi. La suite appartient aux esprits du lieu qui se retrouvent libres d'user à leur profit ou à leurs dépens de leur neuve liberté. Comme tout un chacun.

5

Le cow-boy ou le tsar

« Démocratie : nom traditionnel qu'on
donne à une Constitution qui doit empêcher
une dictature »,

souligne Karl Popper [1].

L'Europe est divisée devant l'Amérique et, plus gravement, l'Europe est divisée d'avec elle-même. Ne donnons pas dans la sottise de pétrifier par la géographie des tensions qui sont davantage mentales et intérieures. Les « Allemands » pris en bloc, ou les « Français » ou les « Américains », ça n'existe plus depuis belle lurette. Les guerres devenues mondiales ont cassé les chaudes intimités où chaque canton rêvait à l'écart de tous les autres. Une fois passé le quart d'heure d'unanimisme qui çà et là emporta les consciences, le conflit irakien, comme tant de querelles passées et à venir, oppose les Européens aux Européens et les Américains aux Américains. Les véhémentes critiques élevées

1. *La Leçon de ce siècle*, Anatolia, 1993.

136

contre G.W. Bush reprises à satiété en France ne sont-elles pas filées par des universitaires de la côte Est ou filmées à Hollywood ? Que le grand débat qui s'ouvre finisse par déborder les frontières des égotismes nationaux et transgresse « *right or wrong, my country* », ne le rend ni éphémère, ni insignifiant, au contraire. Malraux définissait l'art comme un « anti-destin », Toynbee détecte en chaque civilisation une capacité partagée de relever les défis communs. Pouvons-nous encore, dans nos rues, nos cafés, nos universités, nous reconnaître une communauté de destin ? Ou bien, Ouest contre Ouest, y aurait-il deux manières de penser les défis et d'évaluer les projets ? Ou bien encore avons-nous choisi benoîtement de sous-évaluer les défis et de penser le moins possible ?

Sous les stéréotypes hérités du passé – Cocorico ! *God bless America* ! – affleurent des fractures autrement décisives. La crise irakienne annonce-t-elle une dérive continentale majeure ? Le XXIe siècle subira-t-il l'éclipse, la disparition, que sais-je, de ce qui fut fêté ou honni jusqu'à ce jour sous le nom d'« Occident » ? Peut-être.

FRANCE-ÉTATS-UNIS, UN JEU DE MIROIRS

Les querelles s'enfièvrent dès que chacun apostrophe, à travers quelques miroirs, un autre qui lui ressemble trop. Entre les Etats-Unis et la France le torchon brûle à feu continu. Fort de sa victoire militaire à Bagdad, Washington décolère peu : il faut punir Paris, oublier Berlin et pardonner Moscou [1]. Paris de son côté ne désarme pas et entend « gagner la paix », faute d'avoir fait capoter l'intervention américaine. Au demeurant, les deux parties rivalisent d'appels au calme diplomatique, s'assurent réciproquement de leurs bons sentiments et rappellent à la cantonade qu'ils partagent les « mêmes valeurs ». Justement ! Loi internationale, légitimité, ordre mondial : la France parle au nom de principes universels, et les Etats-Unis n'ont pas une prétention au rabais. Qui se ressemble tant ne s'assemble que pour disputer fiévreusement du droit d'établir et de définir l'identité commune... de sorte que les petites différences suscitent allègrement les grandes hostilités.

L'algarade enfle, chacun boxe contre son miroir. Lorsque Washington vitupère la « vieille Europe », on devine, sans grande peine, que les premiers visés sont les « vieux » Américains, soit : les anciens

---

1. Condolezza Rice. Concernant la Russie, le « pardon » promis témoigne soit d'une grande naïveté (touchant la pseudo-démocratisation de l'ex-URSS) soit d'un profond cynisme : si Paris et Berlin cimentent leur axe avec Moscou, Washington négociera directement avec le Kremlin l'avenir des 25 pays de l'UE. Le tête-à-tête Bush-Poutine (ou successeurs) gendarmera l'Europe et la France aura ingénument confié au duopole les verges pour se faire fouetter.

conseillers stratégiques des précédents présidents, George Bush père et Bill Clinton [1]. Qui fit montre d'indécision et de mollesse coupables, en 1991, lors de la première guerre du Golfe? Qui s'arrêta en chemin sur la route de Bassora sans aller jusqu'à Bagdad détrôner le tyran? Qui abandonna et livra les Kurdes et les Chiites révoltés aux tanks de l'assassin? Le cessez-le-feu précipité, l'erreur stratégique et le crime humain incombent-ils à la seule coalition onusienne, aux seuls pays européens, voués à Vénus dans les délices de l'apaisement? Les Etats-Unis étaient maîtres de la manœuvre militaire, leur état-major martial en assumait la direction et toutes les responsabilités. Lorsque la Corée du Nord se gonfle menaçante après avoir, des années durant, investi dans le nucléaire, convient-il d'incriminer la France, plutôt que cette politique des petits pas, délicieusement baptisée «*Sunshine Policy*», parrainée par Clinton? C'est tardivement, à la lumière du 11 septembre 2001, que l'administration américaine modifie radicalement sa stratégie [2]. Elle se trouve alors devant la difficulté de devoir simultanément rompre avec son passé et prêcher l'unité nationale. La solution relève du jeu d'enfant : au lieu de critiquer l'imprévoyance des prédécesseurs, les communicateurs

---

1. C. Krauthammer, *Washington Post*, 19 février 2003.
2. Paul Berman, *Terror and Liberalism*, W.W. Norton, 2003, p. 177 sq.

officiels fustigent les alliés et l'Europe-Vénus qui trahit Mars américain.

La France, à son tour, se retrouve captive de cette galerie des glaces. Dans les jeux infinis des reflets, elle semble prendre malin plaisir à reproduire l'arrogance qu'elle attribue à sa grande rivale. Les jeunes démocraties de l'Est, invitées à se taire et à obtempérer, retournent à juste titre au gouvernement français les piques venimeuses dont ce dernier cartonne l'« unilatéralisme »   d'outre-Atlantique.   Mieux encore, la diplomatie française se glisse volontiers dans le costume taillé sur mesure par ses critiques, transformant la fracture du 11 septembre en hallucination proprement yankee, y débusquant un alibi perfide de « faucons ». Elle se réclame du *statu quo ante* et regrette le temps des aveuglements clintoniens. Par renvoi d'ascenseur, elle reçoit le renfort des anciens ministres et conseillers du Tout-Washington démocrate qui, pour le moment sur la touche, tancent Bush et son aventurisme. Le débat franco-américain n'oppose aucunement deux caractères difficiles – Vénus et Mars [1], couple diabolique – supposés étrangers l'un à l'autre.

Paris et Washington représentent deux nations « à principes » qui ont choisi, l'une comme l'autre, de

---

1. R. Kagan, *La Puissance et la Faiblesse*, Plon, 2003.

gouverner selon une « déclaration des droits », plutôt que de se réclamer du sang, du sol et des traditions ancestrales. Chacune s'enorgueillit d'une « révolution » instauratrice de l'égalité de tous les citoyens commémorant la loi. Chacune célèbre en cet événement fondateur la décision irrévocable de « marcher sur la tête ». Hegel forge cette formule à propos de 1789. Soit : la décision de décider seuls, « *we the people* », « nous » la représentation nationale, sans recours aux forces d'en bas ou aux aspirations d'en haut, sans autre jury que le tribunal de l'opinion dans le cadre d'un Etat de droit. A la différence des sociétés qui s'autorisent avec romantisme d'une histoire mythique ou avec théologie d'une mission mystique, les deux républiques empruntent à la philosophie des Lumières la certitude qu'un peuple peut devenir adulte, voler de ses propres ailes, se gouverner par la raison. L'opinion publique s'éclaire d'elle-même, « c'est même, si seulement on lui en laisse la liberté, pratiquement inévitable [1] ». L'égalité de tous devant la loi est donc fondée sur la liberté pour tous de discuter, établir et transformer les lois, et si l'égalité s'instaure du primat de la liberté, cette dernière se baptise dans l'option de se concerter rationnellement selon des principes. « Le peuple règne sur le monde américain

---

1. E. Kant, *Réponse à la question : qu'est-ce que les Lumières*, 1784.

comme Dieu sur l'univers. Il est la cause et la fin de toutes choses ; tout en sort et tout s'y absorbe [1]. »

On sait que les libéraux anglais (Burke) et les romantiques allemands, souvent conservateurs, incriminent cette volonté de diriger juché sur les principes. Ils estimaient l'entreprise présomptueuse, outrecuidante, potentiellement terroriste parce que *de facto* impossible. En revanche, à la stupéfaction admirative de Hegel pour l'audace des révolutionnaires français répond l'admiration complice des romantiques et des libéraux français commémorant la grandiose insurrection d'Amérique : « L'habitude de penser par soi-même, de se gouverner est indispensable dans un pays nouveau, où le succès dépend nécessairement en grande partie des efforts individuels [2]. »

Pour se situer d'emblée au niveau des « principes », les controverses n'en sont que plus cruelles. Chacun s'épargne rarement la facilité de nier le principe de l'autre. Qui n'a entendu, de Toronto à la Terre de Feu et de Brest à Tokyo, la quelque peu ricanante allusion au « cow-boy » qui s'empare des rênes de la Maison Blanche ? Et si dans cette image universellement contestée du cavalier solitaire

---

1. A. de Tocqueville, *De la démocratie en Amérique*, t. I, Garnier-Flammarion, p. 120.
2. *Id.*, p. 536.

triomphait un principe flamboyant qui, pour être américain, n'en est pas moins nôtre ? D'où, pour les pédants de l'exception française, la mise au point qui suit. Il faut, pour ne pas mourir idiot, savoir qui chevauche sur nos écrans.

ÉLOGE DU COW-BOY

Il y a tromperie sur le nom et le personnage. Le présumé « gardien de vaches » ne conduit qu'à l'occasion des troupeaux, et surtout il déroge. Ni berger, ni paysan : il est armé. Ni soldat : il n'appartient à aucune organisation, il n'est soumis à aucune discipline collective, fût-ce celle d'une bande de brigands. Ni prêtre, ni docte, ni prédicateur, il demeure pur homme d'action. Bref, il est inclassable. Il n'a pas sa place dans la tripartition indo-européenne qui, des millénaires durant, a soigneusement distingué trois fonctions. Celle de l'homme de pouvoir – souverain, prêtre ou chef laïc. Celle de l'homme de guerre. Celle de l'homme de peine et de plaisir – paysan, roturier. Les sociétés européennes restèrent attachées à ce symbolisme classificateur même lorsqu'il devint intégralement anachronique. Aujourd'hui encore, la France s'adore « rurale » et défend bec et ongles ses paysans, qui ne comptent plus que pour 2 % de la population. Les cow-boys sont les emblèmes de l'exception américaine que Tocqueville a si magistralement déterminée : devant les ex-Européens, qui foulent un continent nouveau, « s'abaissent les barrières qui emprisonnaient la société au sein de laquelle ils sont nés ; les vieilles opinions, qui depuis des siècles dirigeaient le monde, s'évanouissent ; une carrière presque sans bornes, un champ sans horizon se découvrent : l'esprit humain s'y précipite ; il les parcourt en tous sens [1] ».

Autre témoin, plus inattendu mais emballé par le même enthousiasme, Karl Marx se gausse des mésaventures d'un gentilhomme anglais, lord Peel, « qui emporta avec lui d'Angleterre pour Swan River, Nouvelle-Hollande, des vivres et des moyens de production d'une valeur de 50 000 livres. M. de Peel eut en outre la prévoyance d'emmener trois cents individus de la classe ouvrière, hommes, femmes et enfants. Une fois arrivé à destination, M. Peel resta sans un domestique pour faire son lit ou lui puiser l'eau à la rivière. Infortuné M. Peel, conclut Marx, il n'avait oublié que d'exporter à Swan River les rapports de production anglais [2] ». C'est dans le court moment de cet oubli que le cow-boy devient héros. Les habitants du Nouveau Monde, égaux en droit, s'identifièrent à ce « gardien de vaches » plus libre que le paysan, le soldat ou le seigneur que dans l'ancienne Europe ils furent et fuyèrent.

---

1. *Id.*, p. 103.
2. Karl Marx, *Le Capital*, section 8, Livre I.

Le cow-boy incarne un citoyen émancipé des hiérarchies préexistantes et des respects séculaires. Son indépassable liberté trouble et séduit l'Européen emberlificoté dans un ensemble de contraintes et de traditions. Cette liberté, en rupture d'Europe, n'en apparaît pas moins paradoxalement le plus pur produit de la civilisation européenne. Le cow-boy n'est nullement l'enfant sauvage de la nature. C'est le prototype mythologique du nouvel Américain, soit aux yeux de l'aristocrate raffiné Tocqueville : l'individu le plus *civilisé* de la terre. « L'Amérique est une nation d'hommes des villes à la conquête de la nature, court-circuitant l'interminable malédiction paysanne de l'Europe », résume François Furet [1]. Lorsqu'un Européen d'aujourd'hui admoneste les cow-boys de Washington, l'image qui le rebute est celle d'un autre lui-même. En plus libre. Tant de proximité redouble son exaspération. Du coup, il tient le citoyen-vacher pour un *alter ego* diminué, en friche, un héros puéril, mal dégrossi, qui ne peut séduire qu'un spectateur analphabète. La politique américaine, croit-il, se réduit au Western, un film pour enfant mis en scène par des demeurés.

Pareille réaction de rejet est ancienne et très générale. Elle date de l'Amérique, elle date du cinéma. Transgressant les clivages électoraux, géographiques et idéologiques, elle resurgit périodiquement à

---

1. Préface à Tocqueville, t. I, p. 22.

droite et à gauche. Une élite fière d'elle-même, pourtant inquiète, ratiocine avec Hegel, mais l'assurance du XIXe siècle en moins, que l'Amérique est immature ; elle a beau paraître « un pays de rêve pour ceux que lasse le magasin d'armes historiques de la vieille Europe », elle reste *de facto* privée d'un « véritable Etat » et d'un « véritable gouvernement ». La mariée est trop belle, les Etats-Unis vivent en utopie, sans ennemi permanent aux frontières, sans trop grande misère à l'intérieur, ils demeurent un « pays de l'avenir » qui, conclut Hegel, « ne nous intéresse pas ici », nous qui assumons le pathétique et la supériorité de notre « vieille Europe [1] ». Je gage que nos diplomates, si fiers des souvenirs historiques qui ennoblissent chancelleries et discours, se rengorgent à se découvrir hégéliens.

Qu'est-ce qui nous permet de taxer d'immaturité le cow-boy ? Le fait qu'il n'a pas encore trouvé sa place. Et qu'il semble n'éprouver nul souci de se « caser ». « Je suis un aventurier », dit-il, tout droit sorti d'un chef-d'œuvre d'Anthony Mann. Il se déplace sans la moindre gêne dans un espace social qui se prête à son errance, preuve s'il en faut pour des yeux hégéliens de l'immaturité plus profonde encore de la société qui l'héroïse, où la « fin générale » n'est pas encore solidement établie. La liberté

---

1. Voir G.W.F. Hegel, *Leçons de la philosophie de l'Histoire*, p. 81-82, trad. Vrin, 1946.

trop jeune de l'Amérique est celle d'une société bourgeoise où (Hegel *dixit*) l'intérêt privé l'emporte sur l'intérêt général, tandis que les « folies » individuelles, sensuelles ou religieusement sectaires se donnent libre cours. En presque deux siècles, le tableau n'a guère changé, le cow-boy demeure le symbole d'une fausse liberté au service d'une licence effrénée.

A l'image négative de ce cow-boy anarchique, l'Européen (et son esprit de sérieux) oppose le modèle du fonctionnaire et du militant, tous deux se dévouent à la chose publique et font de l'intérêt général leur intérêt particulier. Ils agissent pour la bonne cause, donc en connaissance de cause ; ils avancent en terrain connu, l'Administration ou le parti leur fournit un plan de campagne. Voilà des gens qui n'ont que mépris pour l'amateurisme d'un cavalier solitaire qui vaticine en pays inconnu à la merci des imprévus, guidé par sa bonne étoile plutôt que par un savoir infaillible. Ainsi, dans *High Noon*, Gary Cooper, shérif sans troupes, assumant le silence des lois, prétend-il sauver la collectivité malgré elle. Il joue perso. Comme l'Amérique se prit à jouer perso dans cette affaire irakienne. Qui m'aime me suive, et si personne ne m'aime...

Pour les hautains, la solitude du cow-boy est un effet d'ignorance. Ce malheureux ne sait pas (encore) comment se conduire, il a tout à apprendre, bienséances, usages, codes et règlements. S'il agit à l'écart des lois, c'est parce qu'il manque de culture. Il faut le former, l'entourer d'éducateurs qui lui enseigneront ce qu'il en est de la légitimité locale, nationale, universelle. Et qu'il ne s'avise pas d'interroger à la Marx (Karl et Groucho) qui éduque les bons éducateurs ? La réponse est toute prête, l'Europe est un continent de vieille culture, assagie par une longue expérience ; que l'Amérique, continent immature, s'en inspire !

Le cow-boy n'arpente cependant pas une province pédagogique où le devoir N° 1 est d'apprendre et d'enseigner. Il traverse un univers hostile où la première règle est de survivre. Le cow-boy n'agit pas dans un monde où règne la loi, mais dans un chaos où il faut l'inventer. Un héros de western affronte, comme le héros de la tragédie grecque, une situation de pré-droit. Certains hellénistes [1] désignent ainsi la zone sans loi où l'individu doit se frayer une voie entre le « sur-droit » des furieux livrés à leur hybris et le « sous-droit » des faibles et des asservis, ces suppliants enchaînés. Les vertus les plus fondamentales cultivées par la Grèce antique se manifestent dans de telles situations de pré-droit, courage, respect et retenue (*aidos*), honneur. Sous l'égide de ces vertus

---

1. L. Genet, *Anthropologie de la Grèce antique*, Maspero, 1976, p. 175 sq.

individuelles pré-étatiques tentent de s'établir une justice et une loi politique. Il est un temps pour la défense du droit, celui des sociétés stables, où officient les tribunaux établis. Il est un temps pour la création du droit, le moment que parcourt *L'Orestie* d'Eschyle et qu'affronte de nos jours encore le mal nommé « concert » des nations. Le cow-boy, pas plus bête ou primitif qu'Oreste, est pareillement confronté à la nécessité d'agir hors des lois pour que la loi advienne. Le western « parvient ici à définir un tragique de l'Histoire en isolant l'instant où l'élaboration d'une civilisation échappe à l'épopée collective sans encore paraître mécanique impersonnelle du progrès, moment de vérité où les hommes semblent faire l'Histoire et savoir qu'ils la font [1] ».

Qu'est-ce que se gouverner selon des principes ? C'est s'autoriser des Lumières et marcher sur la tête. Le cow-boy est une première manière, euro-américaine, de fonder l'ordre par la loi et la loi sur une liberté individuelle qui fait face au chaos. Il existe une autre manière de transformer le monde. Etrangement, Hegel comme Tocqueville prophétisaient que le lointain avenir de l'Europe hésiterait entre la piste américaine et la voie russe. Auraient-ils, après deux siècles de vagabondages politiques, vu juste ?

---

1. A. Glucksmann (1964), in *Le Western*, Gallimard, « TEL ».

UNE TENACE PRÉFÉRENCE RUSSE

Avant même que l'homme de l'Ouest n'inaugure l'aventure américaine, une autre figure assumait l'ambition européenne de « marcher sur la tête » et d'ordonner l'humaine condition selon des principes universels. Un monarque philosophe (Frédéric II), un tsar modernisateur (Pierre le Grand), une impératrice lettrée (Catherine II) s'autorisèrent des Lumières et incarnèrent de leur vivant ou à titre posthume le programme cher à Voltaire et aux encyclopédistes : la régénération de la société par en haut. Aux antipodes du cow-boy solitaire, qui ? Le despote éclairé !

La pensée des Lumières se voulait moderne bien avant que démocratique. Elle postulait que l'essor des sciences et des techniques, l'épanouissement des lettres et des arts, la progressive alphabétisation des populations garantissent le progrès général de la société européenne. L'intérêt bien compris des gouvernements établis leur commandait de favoriser l'extension des pouvoirs de la raison. Les monarques ne pouvaient qu'en saisir le flambeau. La Russie devint, trois siècles durant, le laboratoire par excellence de cette modernisation à marche forcée. Voltaire, le premier, a forgé le mythe du tsar artisan, stratège et administrateur qui occidentalise son royaume barbare par le fer et le knout. A l'est,

l'intelligence européenne explore une anti-Amé-
rique. Pour Voltaire, la délicieuse utopie d'une dictature des Lumières qui se fiche des Droits de
l'homme comme d'une guigne. Pour Tocqueville, la
triste réalité d'une Amérique-*bis* « moins les
lumières et la liberté », soit un despotisme désespé-
rant où « tout est si parfaitement uniforme dans les
idées, les lois et les usages et jusqu'au moindre
détails de l'aspect des objets [1] ».

Au XVIIIe siècle, la bonne « gouvernance » russe
fascine les salons, les académies et les écrivains. Au
XIXe, la France du juste milieu donne à son tour
dans le panneau, les rentiers souscrivent yeux fer-
més les emprunts russes, et l'état-major table sur
l'armée tsariste pour écraser l'ennemi germanique.
Au XXe, militants ouvriers et universitaires prennent
le relais, la Révolution prolétarienne qui tarde à
l'ouest triomphe à l'est, sous la poigne de Lénine,
Trotski et Staline. Au XXIe, la transsubstantiation se
parachève ; lorsque Jacques Chirac oppose à l'unilatéralisme proaméricain de Tony Blair son projet
multipolaire, il désigne les pôles qui doivent équilibrer la superpuissance yankee : l'Europe, la Chine,
l'Inde, le monde arabe... la Russie n'apparaît pas.
Elle n'est pas nommée, non parce qu'elle ne
compte pas, mais parce qu'elle se fond déjà dans

---

1. A. de Tocqueville, Lettre à G. de Beaumont, novembre
1853, *Lettres choisies*, Gallimard, 2003.

l'Europe authentique, celle qui combat l'atlantisme et l'hégémonie du *Number One*[1].

Reçu somptueusement à l'Elysée en février 2003 et fêté par les cinq académies françaises, Poutine félicita publiquement – sur TF1 – son hôte d'avoir, en menaçant de son veto l'Amérique, mis « fin à la politique des blocs ». Il salua le « geste historique » du président français. L'étrange assertion passa inaperçue. Pourtant elle aurait dû faire sursauter plus d'un. Du temps de la guerre froide, on comptait deux blocs face à face : le bloc soviétique disloqué depuis une décennie, le seul « bloc » qui pouvait être dissous en 2003 était l'occidental. Le président de la Fédération de Russie « marquait d'une pierre blanche » la division du camp démocratique. A bon entendeur salut ! La bravade poutinienne trouva quelque écho à Paris : « Regardant l'avenir et non le passé, nous reconnaîtrons que l'OTAN doit être remplacé par un grand pacte incluant indispensablement la Russie[2]. » Cet « indispensablement » cristallise le renversement d'alliances qu'appelle de ses vœux le camp « antiguerre », depuis les salons

---

1. « La Russie et la France se sont considérablement rapprochées ces derniers mois... Nos visions du monde sont semblables, nos projets sont communs », déclarait à Moscou (8 juillet 2003) le Premier ministre J.-P. Raffarin, « ... une concertation de qualité avec l'armée russe », se félicita D. de Villepin à l'issue du Franco-russe « Conseil sur la sécurité ».
2. Maurice Druon, *Le Figaro*, 12 mai 2003.

diplomatico-académiques jusqu'aux manifestants – trotskistes, antimondialistes et front national confondus. A bas le « cow-boy » et son aventurisme ! Vive le despote et sa guerre du Caucase ! Triple hourra pour les futés qui l'ovationnent en prétendant l'éclairer ! Fini l'« atlantisme », l'avenir sera eurasiatique !

La préférence russe satisfait le Napoléon intime qui hante les nostalgies de notre République. L'Empereur voulut conquérir la Russie par la force, de l'extérieur, il échoua lamentablement. Nous investissons de l'intérieur, par l'esprit, en disant le droit, Moscou ne peut que tomber sous le charme. En prime nous promettons à « notre allié en veto [1] » de retrouver son rang et son prestige perdus, en participant au bras de fer contre l'« hyperpuissance » du moment. Admettons. Qu'y gagne la France ? La possibilité de poursuivre sa sieste. Il revient à la Russie d'équilibrer l'Amérique et de tenir en respect les hordes islamistes ou orientales. Il appartient aux Etats-Unis de courir aux antipodes les risques que nous désirons éviter. Avec un

---

1. « Notre allié en veto, désormais, s'appelle Poutine, et peu importe que les Américains lui reprochent de livrer en douce du matériel sophistiqué à Saddam Hussein. La résistance irakienne prouve la justesse de la politique française, et ce Saddam, avec ses sosies, est finalement une sorte de héros local », Philippe Sollers, *Le Journal du Dimanche*, 30 mars 2003.

gendarme pour l'Europe et un autre pour la planète, la sécurité aux frontières paraît garantie, et nos portes sont bien gardées. Paris se promet de régir le monde par délégation : une fois le bloc eurasiatique cimenté par l'inspiration de l'Elysée, Washington, ainsi équilibré et remis à sa juste place, montrera patte blanche.

LE MIRAGE EURASIE

Captif du miroir aux alouettes que lui présente l'Etat russe, l'Européen s'abandonne à rêver d'une puissance nouvelle, à la fois proche, pour ce qu'il en est le concepteur, et lointaine, parce qu'elle transgresse les normes en usage. Que Pierre le Grand en personne ait torturé son fils à mort n'embarrassait pas Voltaire. Que le tsar éclairé sabrât la tête de ses convives en fin de banquet put lui paraître pittoresque. Que Poutine laisse son armée dynamiter des « fagots humains [1] » n'importune pas davantage nos démocratiques chefs d'Etat. A l'échelle du monde, la Tchétchénie n'est qu'une épine, pourquoi s'inquiéter d'un peu probable tétanos ? La

---

1. *Newsweek* du 14 octobre 2002 : « Pulvériser à l'explosif des morts ou des vivants est la dernière tactique introduite dans le conflit tchétchène par l'armée fédérale russe. L'exemple qui fait référence est certainement celui du 3 juillet 2002 dans le village de Meskyer Yurt où 21 hommes, femmes et enfants ont été fagotés ensemble et pulvérisés à la grenade et à l'explosif, leurs restes jetés dans un trou. »

Russie fascine, ses immenses richesses aiguisent les appétits, sa force inquiétante et démesurée inspire le respect. Le programme d'une Europe-puissance, libérée et concurrente des Etats-Unis, se soutiendrait d'un implicite contrat euro-russe, sorte de pacte pétro-nucléaire déclinable en quatre articles :

1. *Le partenariat énergétique.* Depuis les années 70, le risque de manquer de pétrole obsède. La France cultiva une pseudo-politique arabe et les marchés africains, tandis que l'Allemagne déclarait, malgré la vague pacifiste, que son approvisionnement en énergie était tellement vital qu'il pouvait motiver des projections militaires au-delà des frontières. Aujourd'hui, la part russe dans les importations allemandes a grimpé : 32 % pour le pétrole, 37 % pour le gaz. Le 17 mai 2001, Prodi, président de la Commission européenne, invita, en duo avec Poutine, à investir dans l'industrie d'extraction russe. Depuis le 11 septembre, la Russie postule ouvertement à la succession de l'Arabie Saoudite. Additionnant ses ressources propres et celles qu'elle entend conserver dans son giron (Asie centrale et Caspienne), la Russie ambitionne de devenir le N° 1 mondial de l'énergie naturelle. Au printemps 2003, elle s'assura un quasi-monopole de dix à quinze ans sur le transport du pétrole extrait du Kazakhstan, *via* le pipe-line Tenguiz-Novorossisk sur la mer Noire, qui sera relayé plus tard par

le circuit Samara-Primorsk sur la Baltique[1]. Sachant que les ressources du Kazakhstan sont les plus importantes découvertes de ces trente dernières années, pour le moins comparables à celles de la Norvège et de l'Alaska, Moscou s'impose Eldorado. Que la communauté européenne mise sur l'industrie pétrolière russe, consente sur des décennies de gigantesques investissements, et l'euro-énergie devient indépendante des aléas moyen-orientaux ! Certes, à leur tour les incertitudes touchant le chaos de l'ex-Union soviétique rebutent les investisseurs privés. Il faut des garanties publiques et communautaires : le choix est politique avant d'être économique. En sanctifiant à tout prix – sang tchétchène et liberté en Russie compris – l'amitié de Poutine, nos élites parient qu'un pouvoir fort au Kremlin, fût-il despotique, leur assurera pétrole et gaz.

2. *Le partenariat nucléaire.* Sans tenir compte des protestations de la population (plusieurs millions de signatures selon les écologistes russes), la Douma adopte le projet d'une gigantesque poubelle nucléaire installée dans l'Oural. Profits escomptés sur vingt ans : vingt et un milliards de dollars. Quinze nations sont intéressées, au premier chef l'Allemagne, le Japon, la Corée du Sud, Taiwan et les Etats-Unis, qui espèrent évacuer ainsi 80 % de

---

1. *Wall Street Journal*, 23 mai 2003.

leurs déchets. Les industries nucléaires d'outre-Rhin planifient ce projet depuis plusieurs années, et les Verts paraissent tacitement admettre semblable solution, d'où leur absence de soutien aux écolos russes. Pareille unanimité couronne Poutine : plus fort sera l'Etat, plus omniprésent le FSB, mieux, croit-on, sera sécurisé le dépôt universel des ordures radioactives.

3. *Le partenariat monétaire.* Bruxelles adjure ses interlocuteurs russes d'entrer dans la zone euro, ils se font tirer l'oreille. En apparence, simple querelle de prestige : euro contre dollar. En fait, il s'agit d'un marché donnant donnant : si la communauté consacre des sommes immenses aux deux premiers partenariats, elle espère se rembourser en s'adjugeant les privilèges de premier fournisseur de produits finis. Bien que 50 % de la population russe patine sans espoir dans la misère, il reste une minorité urbaine qui entend se vêtir et se nourrir « à l'occidentale », ce que Bruxelles traduit « à l'européenne ». D'où la négociation globale d'un néo-pacte colonial : la Russie nous écoule ses matières premières, nous lui fournissons les produits à valeur ajoutée

4. *Le partenariat stratégique.* La Russie demeure le deuxième arsenal nucléaire du monde et le deuxième ou troisième vendeur d'armes. Pareille

puissance de nuisance fait peur. Bruxelles pense résoudre le problème en arrimant l'inquiétant voisin par le truchement des trois précédents partenariats : je te tiens, tu me tiens par la barbichette. La coopération industrielle et financière à grande échelle tisse des liens ; ces liens sont censés garrotter le Gulliver russe. Comment supposer qu'il veuille mettre en péril une association fructueuse ? Sur la base de l'intérêt bien compris, nos élites croient ainsi garantir la paix et le développement harmonieux du Vieux Continent dans son ensemble. N'est-ce point prendre désir pour réalité ?

En un clin d'œil, tant de beaux raisonnements se renversent. Transférer au Kremlin les clés de notre consommation énergétique revient à le doter des pouvoirs d'intimidation auparavant dévolus à la petite Arabie. Confier au pouvoir russe la gestion des déchets nucléaires redouble ses capacités de chantage. D'autant que le créditeur se retrouve à la merci d'un débiteur, enclin à rééchelonner ses remboursements jusqu'aux calendes grecques. D'autant que les pactes néocoloniaux déçoivent habituellement le néocolonisateur : la France, en surpayant le gaz et le pétrole algériens, n'a pas assuré le décollage de l'Algérie et pas davantage gagné la gratitude de la population ou l'amitié de corrompus qui virent des fortunes sur leurs comptes suisses.

Il est à craindre que Poutine se montre moins naïf que ses homologues occidentaux. Espion de second rang, il fit ses classes en Allemagne de l'Est occupée par l'URSS. Ce curieux pays intitulé « République démocratique allemande » vivait pour l'essentiel aux crochets des « affreux capitalistes » de l'Ouest. Le gouvernement de Bonn payait pour dix-sept millions d'otages, et les politiciens anticommunistes (F.J. Strauss) n'étaient pas les derniers à arroser de marks le pseudo-succès économique de la RDA, seule « démocratie populaire » à récolter les miettes de la société de consommation. Gageons que Poutine n'a pas oublié la leçon : la « société bourgeoise » se laisse aisément transformer en vache à lait au bénéfice des malins sans scrupules qui s'ingénient à l'inquiéter et à la paniquer dans les limites extensibles du supportable.

La faramineuse politique russe que nos dirigeants édifient en cachette ressemble au scénario de Frankenstein : ils (re)construisent une puissance qu'ils contrôleront moins qu'elle ne les fera chanter. La sagesse et le réalisme des Européens laissent à désirer.

Etrangement, les transgressions morales, que les Européens de l'Ouest ne s'autorisent qu'en songe et qui répugnent dans la réalité quotidienne, leur paraissent admissibles du côté de l'Oural. A la différence des Etats-Unis soumis à d'incessantes censures – aïe la peine de mort ! –, l'Etat russe jouit d'une extraterritorialité éthique, qu'il soit géré par Pierre, Catherine, Vladimir Oulianov Lénine ou Vladimir Vladimirovitch Poutine. Cet Etat qui fait les lois se situe une fois pour toutes au-dessus des lois, il pérennise la situation d'exception, qu'on n'atteint, selon Carl Schmitt, qu'en des circonstances précisément exceptionnelles. Le Kremlin, qui modernise sans civiliser et se civiliser, fait de l'exception sa règle parce qu'il ne se reconnaît pas de règles. Hommage de la vertu au vice, lorsque l'Européen bien-pensant s'enthousiasme pour une autorité sans retenue ni scrupules, ou bien il se fuit lui-même à son insu, ou bien il sacrifie à une violente haine de soi. Pareil exploit est moins extraordinaire qu'on ne croit. La guerre de 14-18 n'a-t-elle pas manifesté, et avec quelle cruauté, combien une société éclairée, la douce Europe de la Belle Epoque, était travaillée par une « pulsion de mort » et prédisposée à renverser les tabous en se délectant de la disparition des interdits ?

Dans un roman qu'aucun curieux ne devrait ignorer, mais que si peu de contemporains connaissent, Robert Musil décrit les dernières heures d'une Europe promise à l'explosion. Vienne, alors capitale de l'Empire austro-hongrois, mobilise les fines fleurs intellectuelles, administratives, industrielles et morales. Dans les salons il n'est question que de jubilé. L'empereur François-Joseph, monté sur le trône en 1848, fêtera d'ici quatre années le soixante-dixième anniversaire de son règne. Après de fiévreuses palabres, les notables se congratulent : un thème s'impose à tous. Le Tout-Vienne, l'Autriche, l'Europe et le monde entier, les nantis et les masses populaires vont glorifier « l'empereur de la paix ». A grands discours, grandes élucubrations et grands mots. Les associations de charité proposent leurs bonnes œuvres, les ligues de moralité leurs élévations et les poètes leurs poèmes. Au bout du bout du compte, on crée un « Comité pour l'Elaboration d'une Initiative en vue du Soixante-dixième Anniversaire de l'Avènement de Sa Majesté ». Celui-ci décide en grande pompe que l'année austro-mondiale sera placée sous les auspices de « Capital et Culture ». Restait à définir ce qu'aussi ronflante étiquette devait recouvrir. Nul ne le sut jamais. Le temps manqua. Sarajevo sonna la fin de partie.

Allons donc, cette histoire [1] date du siècle passé. Qui, à l'aube du XXIe, entend encore l'écho de ce XXe siècle naissant ? Notre Union européenne, première puissance économique du monde, qui, de surcroît, se flatte de raffinements étrangers aux soudards d'outre-Atlantique, n'évoque en rien une Autriche-Hongrie, vouée au « Capital » et à la

---

1. Robert Musil, *L'Homme sans qualités*, Seuil, 1995.

« Culture » dans une époque frémissante des violences à venir. Musil nommait « action parallèle » l'incommensurable agitation qui galvanisait l'élite viennoise. Il faut comprendre que cet engagement total des meilleurs esprits demeurait « parallèle », c'est-à-dire tellement autosuffisant qu'ils pouvaient poursuivre leurs parlotes à l'infini sans jamais rencontrer la réalité. « Nous avons été pareils à ces voyageurs de wagons-lits qui ne se réveillent qu'au moment de la collision. » Seul un homme sans qualité ou un Tchétchène désespéré aurait l'idée de comparer le triomphe de François-Joseph à l'apothéose d'un Vladimir.

Le satisfecit de Chirac à la Russie

Saint-Pétersbourg
De notre envoyé spécial
Patrick de Saint-Exupéry

Mais quelle mouche a donc piqué Jacques Chirac ? Intervenant durant le surréaliste sommet Russie-Union européenne qui s'est tenu samedi, à Saint-Pétersbourg, et qui a illustré la vacuité du dialogue mis en place entre l'Union européenne et la Russie, le président français s'est laissé aller à placer « la Russie au premier rang des démocraties ». Evoquant dans son intervention l'Académie polaire, dirigée par Jean Malaurie, qu'il venait d'inaugurer, Jacques Chirac s'est visiblement laissé emporter par son amour des peuples premiers. « Cette prestigieuse institution, a-t-il dit, met la Russie au premier rang des démocraties pour le respect dû aux peuples premiers, pour le dialogue des cultures, et tout simplement pour le respect de l'autre. C'est un message très fort adressé aux démocraties du monde entier qui ne l'ont pas encore entendu. »

Présidant le sommet, Vladimir Poutine, toujours en prise avec le conflit tchétchène, n'a fait aucune remarque sur cette saillie qui avait tout lieu de le contenter. A Evian, Jacques Chirac aura tout loisir de poursuivre sur ce thème. Et d'user de sa position d'hôte pour faire entendre ce « message très fort » adressé par la Russie « aux démocraties du monde entier [1] ».

Les leaders les plus huppés de la planète ont atterri le 30 mai 2003 à Saint-Pétersbourg. La cité de Pierre le Grand reçut pour son trois centième anniversaire quarante-cinq chefs d'Etat, treize mille invités étrangers et deux mille journalistes. Tous levèrent un verre à la santé du maître de céans, Vladimir Vladimirovitch Poutine, lequel peaufinait depuis trois ans son festival de deux jours.

Les VIP logèrent sur les rives du golfe de Finlande, au palais Constantin, résidence balnéaire du Président. Ils se déplacèrent à bord de yachts, sous

---

1. *Le Figaro*, 2 juin 2003. Les démocrates et les Tchétchènes apprécieront. Par un hasard de mise en page et de calendrier, le tsar et le cow-boy se retrouvaient voisins d'une colonne sur l'autre. En miroir : à gauche, « Bush évoque le " pouvoir du mal " à Auschwitz », à droite, « le satisfecit de Chirac à la Russie ».

le prétexte officiel d'éviter toute gêne aux citadins, écartés en réalité de la fête. « Les façades des vieux immeubles bordant les avenues qu'emprunteront les cortèges officiels seront recouvertes de panneaux en trompe-l'œil, ce qui suscite de déplorables associations d'idées avec les villages Potemkine », avait prévu *Konservator*, périodique libéral de la Venise du Nord[1]. Cela ne vous rappelle rien ? La Crimée, Catherine II, sa fastueuse croisière où les têtes couronnées furent cajolées par les ambassadeurs, les favoris, les gens de plume et autres flatteurs de service. Le ministre-amant Potemkine plantait les décors de carton-pâte où triomphaient ordre, prospérité, volupté. Et la majesté d'une impératrice qu'un peuple en haillons, dûment et durement chapitré, chantait.

Il pleuvait sur la Neva. Les hôtes illustres se congratulaient et s'empressaient sous les marbres et les dorures baroques. Ils n'eurent ni regard ni pensée pour une population douloureuse. Ils ne visitèrent pas les milliers de sites industriels en friche où les hommes chôment et boivent, où les femmes tentent de nourrir leurs enfants quitte à se prostituer au bord des grand-routes. Ils ne virent pas les gosses à l'abandon qui s'abritent dans le hall des

---

1. Depuis, ce journal fut contraint de disparaître. Pour des raisons « financières », dit la version des officiels. La dernière télévision indépendante fut reprise en main dans la foulée des après-festivités.

gares à la recherche du client. Nos officiels trinquèrent avec les galonnés qui ensanglantent le Caucase. Ils soupèrent aux chandelles avec les oligarques qui « privatisent », en l'occurrence « piratisent » et confisquent les richesses du pays. Pour leur plus grand profit et la gloire d'un espion qu'ils firent roi et qui les rackette. Ces corrompus, moins d'une vingtaine, ayant réussi en dix ans le plus grand hold-up de l'histoire moderne, placent leur neuve fortune dans les paradis fiscaux d'Occident.

On parla affaires. L'agit-prop du Kremlin fait valoir que depuis deux ans le PIB augmente doucement, oubliant de signaler que cette croissance statistique est due à la bonne tenue des prix mondiaux du pétrole (jusqu'à quand ?). Les « fondamentaux » de l'économie russe sont sinistres, constatent les experts internationaux, la fuite des capitaux se poursuit. Peu importe ! Paris espère recruter Moscou dans son Europe indépendante ; Bruxelles fantasme une zone euro de Porto à Vladivostok. Londres, en pleine concurrence, lance BP à l'assaut du pétrole russe et, fin juin, recevra Poutine avec tous les honneurs dus au nouveau tsar. L'Europe occidentale s'imagine coloniser la Russie, « moderniser » dit-elle, euphémisme davantage politiquement correct. Reste à deviner qui colonisera qui ? Sur ce point Varsovie, expérience aidant, l'entend d'une autre oreille : l'axe Paris-Berlin-Moscou n'est pas sans éveiller de cuisants souvenirs.

Il y a une chose qui n'est pas comprise par l'Europe de l'Ouest, c'est la peur traditionnelle de l'expansion russe. Je viens d'une région, la Lituanie, où l'insurrection de 1863 contre la Russie a été plus marquée qu'en Pologne même. On a déporté tous les villages. Quand je suis revenu près de mon lieu de naissance, j'ai vu une grande plaine vide que la population appelle le Kazakhstan. Il y avait là trois riches villages avant la guerre de 39-45 : plus de trace. Pas même les arbres. Rien. La population a été déportée en Sibérie et les villages détruits, les arbres déracinés... La présence américaine en Europe est nécessaire. L'alliance France-Allemagne-Russie me rappelle les pires choses du passé, l'accord Molotov-Ribbentrop, par exemple [1].

On parla « lutte antiterroriste ». Poutine présenta ses hauts faits coloniaux et génocidaires, comme autant de contributions exemplaires. N'en déplaise aux pacifistes, dans le concours ès démolitions Irak/Tchétchénie, les Américains font figure de freluquets quand la Russie s'honore de ruines à perte de vue. La France (privée ? publique ?) offre à son compagnon antiguerre une tour « pour la paix », dix-sept mètres d'incantations « paix » gravées à l'infini. *Na zdorovie !* Champagne et sang tchétchène mêlés pour corser le cocktail. Emmanuel Kant évoquait, jouxtant un cimetière, une auberge joliment baptisée « A la paix éternelle ! ». L'ironie

---

1. Czeslaw Milosz, prix Nobel de littérature. *Libération*, 9 juin 2003, entretien avec J.-P. Thibaudat.

des Lumières manqua cruellement à la table des réjouissances.

George Bush vint lui aussi faire ami-ami. Jusqu'à quand négligera-t-il, derrière les Etats voyous qu'il dénonce, les Etats parrains qui les soutiennent? Une fois les flonflons dissipés, il faudra réfléchir froidement. Oui! La puissance de nuisance russe est immense. Marchand d'armes, arsenal nucléaire, première fortune flottante, une capacité de corruption sans pareille. Oui! Il faut pour ces raisons négocier avec Poutine, mais sans renoncer d'avance à lui enseigner les bonnes manières démocratiques.

Depuis des siècles, la Russie est écartelée. D'un côté le despotisme ou l'autocratie. De l'autre l'amour de la liberté diffusé par l'héroïque culture russe, sans laquelle l'Europe est orpheline. Que nos gouvernants ne cèdent pas sur les Droits de l'homme! Qu'ils exigent de ce pays le respect des traités qu'il a signés! La guerre en Tchétchénie n'est pas un détail qu'on noie dans un échange de sourires. La paix en Tchétchénie est cruciale pour l'avenir démocratique de la Russie. Ilyas Akhmadov, ministre indépendantiste, propose le désarmement des forces tchétchènes et le retrait conjoint des troupes russes. Condamnant le terrorisme d'où qu'il vienne, souhaitant une médiation tierce, un mandat international et des forces d'interposition, remettant à plus tard l'alternative indépendance / fédération, il esquisse une authentique paix anti-terroriste. A Saint-Pétersbourg, les démocraties se fussent honorées d'en tenir compte. Ce n'est pas à elles de ménager Poutine, c'est au président de la Fédération de Russie qu'il appartient de se conduire sans insulter l'humanité.

Même au mois de mai quand s'épanchent
Sur les vagues les ombres de la nuit blanche,
Ce ne sont pas là les sortilèges du rêve printanier
Mais le poison des vouloirs stériles [1].

Vers la nouvelle alliance

L'idée peut paraître saugrenue . un « échange d'expériences » entre l'UMP et Russie Unie, entre un parti qui, bien que de création récente, s'ancre dans la tradition démocratique française, et une formation qui est une simple coquille bureaucratique destinée à favoriser les manœuvres du pouvoir auto-cratique russe. C'est pourtant ce que viennent de décider à Moscou Alain Juppé, président de l'UMP, et son homologue de Russie unie, Boris Grizlov, qui se trouve être aussi le ministre de l'intérieur. Tous deux ont sans doute été portés par l'idée que, finale-

---

1. Innokenti Annenski, *Petersbourg 1912*, *Saint-Péters-bourg*, « Bouquins », Robert Laffont, 2003, sous la direction de Lorraine de Meaux.

ment, l'UMP comme Russie unie sont d'abord « le parti du président ».

L'annonce de cette collaboration a couronné deux jours d'intenses discussions marquées par un accord parfait sur toutes les questions abordées. Outre Alain Juppé, Dominique de Villepin et Michèle Alliot-Marie se sont retrouvés à Moscou pour la première réunion du « conseil de sécurité » franco-russe. Avec les ministres russes des affaires étrangères et de la défense, ils n'ont décelé aucune trace de divergence, que ce soit sur l'Irak, le conflit israélo-palestinien, l'Afghanistan, le monde multipolaire, etc.

Il y a longtemps qu'on ne parle plus de la Tchétchénie, classée naguère dans la catégorie des sujets qui fâchent [...]

Plus généralement les responsables français sont enclins à prendre pour argent comptant, sans plus d'examen, les proclamations démocratiques du pouvoir russe [...]

C'est faire bon marché de l'emprise de l'Etat sur les médias, des meurtres politiques, de la montée des représentants du complexe militaro-policier à tous les niveaux du pouvoir, de la volonté affichée par Vladimir Poutine de mettre à l'écart ses adversaires politiques ou de leur couper les vivres, dans la perspective des élections législatives de cette année et présidentielle de 2004.

Le Monde, 11/07/03

6

Civilisation ou nihilisme

> « Que nuist savoir tousjours et tousjours
> apprendre, feust-ce d'un sot, d'un pot, d'une
> guedoufle, d'une mouffle, d'une pantoufle ? »
>
> Rabelais.

A *Ground Zero*, la foudre a frappé, irrévocable :
il n'y a pas d'au-delà à l'histoire millénaire et quotidienne, sale en même temps qu'héroïque, et comme
toujours transie de bruits et de fureurs. Nous ne sor-
tons pas de la tragédie. Oreste et Hamlet, Antigone,
Iphigénie et Cressida demeurent à jamais nos
contemporains. L'individu « post » – post-historique, post-idéologique, post-moderne, que sais-
je ? –, ce bel esprit qui prend son envol vers une
définitive après-guerre, s'abuse. Telle la colombe
kantienne qui souhaite abolir l'atmosphère, esti-
mant que, la résistance de l'air volatilisée, ses ailes
la porteront tellement plus vite, tellement plus haut.

Il y a deux ans à peine, la Maison Blanche assou-
pie mettait en musique une partition lénifiante et

célébrait pour la dixième année consécutive une fameuse et rassurante « fin de l'Histoire ». La disparition de la guerre froide marquait l'apothéose d'une Raison qui prenait en charge le nouvel ordre du monde et le stabilisait dans la paix, par la paix, pour la paix. Chute du communisme égale entrée dans le post-historique. Le camp dit « de la paix », qui se constitue lors de la crise irakienne, se borne à réitérer cette équation ; il reprend à son compte les rêves bleus qui meublaient, il y a peu, la doxa « politiquement correcte » des universités de la côte Est et de Californie, ou les espoirs à dormir debout tranquille dont bruissait Washington. Fukuyama aurait dû reconnaître ses propres élèves dans ces Européens qu'il fustige aujourd'hui : ils ne pèchent que parce qu'ils pensent comme lui pensait, mais plus longtemps et avec plus de fidélité que lui.

Pour Hegel, la victoire de Iéna livrait, confiait, l'Europe à l'Empire rationnel, Napoléon mettait un point final au chaos continental. Pour Kojève, qui s'inspire de Hegel, Staline remplace Napoléon, et la révolution prolétarienne incarne (de 1930 à 1939) le nouveau terminus de l'histoire universelle. Pour Fukuyama, qui se réclame et de Hegel et de Kojève, la chute de l'Empire soviétique ferme le ban, longue vie à l'humanité devenue raisonnable, guérie des luttes à mort ! Finies les violences finales qui dressaient la moitié de l'humanité contre l'autre, la pax americana inaugure le meilleur des mondes. Le bon Fénelon peuplait son paradis d'îles de sucre, de montagnes de beurre et de rivières de sirop. Le bon Fukuyama se prit à chanter les fusions irréversibles, le triomphe de l'économie de marché et l'avenir irénique du genre humain. L'idylle, souvenez-vous, charma les notables et enchanta l'électeur paisible, dans la « vieille Europe » certainement, mais précisons : pas seulement. Sur les deux rives de l'Atlantique, s'il vous plaît !

Reposons les lunettes hégéliennes, abandonnons plus généralement les postures post, délaissons ce nombrilisme qui demeure certainement la maladie occidentale la mieux partagée, soignons cet autisme spontané qui tient lieu de philosophie politique et croit tourner miraculeusement la page, toutes les pages. Non, l'extinction de la guerre froide n'a pas introduit la semaine des sept dimanches. Pas davantage que le carnage de 14-18 dont les survivants s'étaient pourtant juré de ne pas revivre pareille boucherie. Pas davantage que les camps de la mort commémorés d'un solennel « jamais plus », dérisoire serment, insupportable vanité au regard des Cambodgiens et des Tutsis. Ce ne sont pas les doctrines volatiles qui allument les conflits, mais la rage des conflits qui enflamme les idées. Pour un communisme perdu, dix autres croyances meurtrières retrouvées. Le terrorisme massif demeure la pratique commune des grandes et des petites idéologies contemporaines.

Qu'ont de commun l'homme de fer bolchevique, le SS tête de mort, le Khmer rouge, le fou de dieu version islamiste, le fou de sa race version Hutu, le tueur xénophobe serbe, le kontraktnik collectionneur d'oreilles tchétchènes? Ils partagent l'unanime assurance de se croire tout permis et la commune décision de se permettre tout. Les guerres viennent et passent, les guerriers croissent et se multiplient. Le naïf croit pouvoir ouvrir et fermer la parenthèse : cessez le feu, la paix est signée, fin de la saignée, *stazione termini*, tout le monde descend! Sauf... sauf qu'après, rien n'est comme avant. Les affrontements s'interrompent sur le terrain, ou se déplacent, mais à l'intérieur de chacun ils se poursuivent et souvent prolifèrent.

Au lieu de se contenter d'un tout est bien qui finit bien, propulsé sous étiquette hégélienne, sur un air d'éternité sereine, mieux vaut pour sa gouverne, afin d'éviter les mauvaises surprises, s'inspirer de Thucydide et de Proust. Le premier dévoile la très longue durée du phénomène appelé guerre; l'historien grec le pense tel quel, comme une maladie chronique, et non à partir de son épilogue – victoire, défaite, paix, guérison ou issue fatale – censé lui conférer un sens ultime. Proust, creusant sous la fureur des modernes mobilisations qu'il se borne à évoquer, à son tour expose en subtile lumière la profondeur « retrouvée » d'un temps de guerre, qui bouge peu et s'étire de siècle en siècle. Entre la « nuit mérovingienne », les exercices sadomasochistes du baron Charlus et les premiers bombardements sur Paris, il peint une condition trop inhumainement humaine pour les salons, qui s'empressent de l'occulter.

La peste qui brûle Athènes et la panique qui transit Paris véhiculent pareillement l'appréhension d'une apocalypse sèche, sans consolation ni rédemption. Proustienne dégringolade aux enfers qui n'a rien à voir avec la biblique descente d'une Jérusalem céleste, dont les euphories hégéliennes d'un sabbat de l'histoire monnaient le ravissement. Manhattan rappela brutalement que le temps ne travaille pas pour nous, qu'il n'y a pas de *happy end* garanti à l'aventure humaine, que la fin du monde est possible, nue, sans lendemain. Et que la responsabilité d'un tel événement nous incombe.

LE CALENDRIER DE THUCYDIDE

Au commencement, la guerre. Celle du Péloponnèse ou celle de 1914. Elle oppose des ennemis extérieurs, étrangers les uns aux autres, chacun doté d'une « âme » spécifique. Les Spartiates se reconnaissent au premier coup d'œil : courageux, « laconiques »... Les Athéniens sont tout le contraire. Et les Corinthiens différents encore. Pareil pour les Français, les Anglais, les Prussiens. Autant de « caractères nationaux », autant de bonnes raisons pour s'étriper quand l'heure du massacre a sonné. Seconde étape, les différences clivent chaque camp et la guerre civile double la guerre extérieure. Les cités grecques se divisent. Les démocrates de l'une s'allient aux démocrates de l'autre, à moins qu'ils ne rallient les oligarques d'une troisième. Les jeux restent ouverts. La Seconde Guerre mondiale ajoute aux guerres nationales les révolutions sociales ou racistes ; des cocktails idéologiques de toutes les couleurs prennent feu. Troisième étape, Thucydide l'exhibe dans la peste d'Athènes où la guerre flambe à l'intérieur, de soi à soi ; le citoyen perd la boule, blasphème, renverse les autels, piétine les idoles, largue les pudeurs, il ne respecte ni père ni mère, les tabous valdinguent et la cité délire.

La guerre commence nationale, continue sociale, finit psychotique. Pire encore : ces trois étapes ne se présentent pas l'une après l'autre en file indienne ; la folie furieuse n'éclôt pas au stade terminal, elle menace sans cesse ; elle pointe dès le premier mot – « colère » – de l'*Iliade*. La guerre est un phéno-

mène total, elle bouleverse l'individu au plus profond, scinde la société comme jamais et demeure
l'indépassable hantise des rapports internationaux.
La guerre n'est pas une commode Louis XV, ni une
fusée à trois étages. Il n'y a pas de tiroirs hermétiques, un moment pour la maladie mentale, un
autre pour la révolution, un troisième pour l'affrontement d'Etat à Etat. Tout se touche. Tout inter-
fère. Tantôt la folie se met au service de la
révolution, tantôt la révolution s'épanouit dans la
folie, tantôt les réactions s'enchaînent et tantôt tout
explose, ici, là, ou en bloc.

Quand la catastrophe se répète, immanquablement le chœur des naïfs entonne la même antienne.
Cris d'indignation dans la *nursery*. – Comment
est-ce possible ? – A notre époque ? – Si éclairée,
cela va sans dire. – Comment l'horreur peut-elle
réintroduire son museau monstrueux ? Qui l'eût
cru ! C'est impensable. – Tiens donc ! Comme si le
XXe siècle n'avait pas porté à quelques sommets
incandescents les variantes du pire. Comme si ce
qui fut tristement réel s'était dissipé dans les
vapeurs champagnisées du millenium. Trois siècles
d'inimitié foisonnante, de heurts, de rivalités
jalouses, de guerres inexpiables et de réconcilia-
tions exaltées se sont clos sur un demi-siècle de
latence. Mais la guerre est là, elle n'a jamais quitté
notre horizon. Il faut oser la regarder dans les yeux.

N'allez pas croire que je l'aime, simplement elle colle à la peau, à la mienne, à la vôtre. Premier constat : elle est déplorable pour tous. Deuxième constat : elle n'est pas pareille pour tous, ni dans la manière de faire ni par les maux qu'elle inflige. Renvoyer les deux camps dos à dos, Bush avec Saddam, témoigne d'une paresse de l'esprit, d'une facilité de la conscience et de la sécheresse du cœur. Troisième constat : la nuisance des petits et grands égorgeurs fut toujours sous-estimée par les diplomates et les stratèges de nos contrées bénies. Nos candeurs ont fait leur force. Lorsque la guerre froide, avec la chute du Mur à Berlin, cesse, cela ne signifie pas, et ne peut pas signifier, qu'*ipso facto* les feux et les paranoïas s'éteignent, tandis que la paix s'empare des cœurs, harmonise les sociétés et régit le commerce des nations. La bataille des deux blocs, avec sa farandole de luttes d'indépendance, de révolutions, de contre-révolutions, de dictatures agressives rouges, vertes ou noires, a fait le tour du monde. Elle a mobilisé sans frontières les révoltés et les traditionalistes, les dieux et les démons, les ambitions inassouvies, les peuples jadis endormis, les possédants initiés à l'inquiétude et les adolescents déracinés. Les enfants perdus d'une guerre froide liquidée se comptent par milliards. La peste latente ou manifeste les provoque. Avec elle ? Contre elle ? Elle hante les environs, elle rôde dans les pensées. Ce « lait noir » de la terreur, dont parle Paul Celan, ils sont nombreux à l'avoir tété.

Les pestes grecques psychosomatiques ne se laissent pas réduire à la maladie bubonique isolée par Hippocrate. Elles se déchaînent au comble de la fièvre guerrière, quand l'Ajax de Sophocle décapite un troupeau de vaches, croyant frapper ses maudits compagnons d'armes. Elles nourrissent la fureur froide des Athéniens à la tête de leur flotte, faisant fi des usages et des neutralités pour annoncer aux habitants de la petite île de Melos que rien ne leur sera épargné, ni le fer ni le feu, s'ils ne capitulent sur-le-champ. Massacrant les animaux comme s'ils étaient humains ou les hommes comme s'il s'agissait de bétail, la peste, en son acmé belliqueuse, démolit les signes de reconnaissance que s'adressent, les uns aux autres, les mortels, même lorsqu'ils s'affrontent. Avant de raser l'île, les Athéniens mettent en garde les Méliens : nous sommes trop puissants pour vous ; entre vous et nous aucune retenue ne tient ; aucun pacte ne joue ; nous ne reconnaissons que la loi du plus fort · nous oserons tout, tels les dieux d'Homère.

La peste, comme on dit, « renverse les valeurs ». Certes, mais elle se soucie peu d'instaurer des ersatz. Elle se satisfait d'abolir les tabous, il lui suffit d'identifier les hommes aux dieux. Les Immortels, selon les mythes, n'éprouvent, à la différence des hommes, aucune nécessité de s'interdire ce qu'ils ne peuvent pas faire : s'entre-tuer. Entre

Olympiens, les querelles finissent dans les rires; le meurtre et le sang ne sont pas de la partie. Les dieux grecs ont besoin des hommes afin de goûter le spectacle du pire; Zeus, ses compagnes et ses compagnons, exigent des mortels qu'ils fassent la guerre pour que les Célestes puissent inhaler le parfum de bravoure et les odeurs de cadavres qui montent de jeux interdits qu'ils ne pratiqueront plus eux-mêmes. Le paradoxe de la peste est que l'homme s'y prend pour un dieu, en s'affirmant capable de ce dont les dieux sont incapables – pas d'interdit, tue et meurs!

La peste thucydidienne chamboule les rapports que l'homme entretient 1) avec son semblable, qu'il ne reconnaît plus pour semblable, 2) avec les dieux, dont il ne reconnaît plus la suprématie, 3) avec sa propre mort, qui devient la pierre de touche absolue, le moyen et la fin, la preuve de sa grandeur et de son authenticité. Au cœur de la bataille, au plus chaud du corps à corps, le guerrier s'expose et s'impose, il se hisse au faîte de sa puissance et s'immerge simultanément dans son absolue vulnérabilité. Il joue le tout pour le tout; homicide et suicide se confondent. Un court moment, il passe bombe humaine. La peste transcende les limites d'un instant de totale hybris, pour l'étendre à toutes les facettes de l'existence sociale et morale. Alors que, traditionnelle ou moderne, chaque collectivité s'emploie à éduquer les guerriers, refroidir après coup leur animosité, discipliner leurs ardeurs et leurs soifs sanglantes, la peste démantèle les garde-fous. Bombe humaine, je fus. Bombe humaine, je resterai. Tout pouvoir à la fureur, partout, toujours. Pas de distinction entre privé et public, civil et militaire, ciel et terre ; fusions opérationnelles terroristes et confusions mentales pesteuses coïncident.

Pendant un millénaire, l'Europe chrétienne vécut sous le signe de la croix. La guerre froide, en se dissipant, émancipe une planète placée sous le signe de la kalachnikov. Posters de Ben Laden ou de Che Guevara, photographies de gamins soldats, instantanés de Mad Max, une iconographie universelle sanctifie l'AK 45 (le M16 ou la machette) comme l'âme des armes, l'emblème du pouvoir. Conciliabule au Liberia : un journaliste et un gosse de treize ans, armé jusqu'aux dents, à la tête d'une bande de gamins de son âge ; le journaliste : « Avec ta kalach, ne risques-tu pas de tuer ta mère, tes frères et tes sœurs ? » – L'enfant : « *Why not* [1] ? » Pourquoi pas. Le message est au bout du fusil. Le même message qu'a mondialisé le forfait de Mohammed Atta. Destruction, terreur, pourquoi pas ? Peste athénienne, nuit mérovingienne, Thucydide et Proust, l'ombre projetée par les guerres passées s'avère aussi mondiale qu'elles le furent.

---

1. Relaté par Hans Christoph Buch.

COMMENT LE MONDE SE MONDIALISE

– Tu ne tueras pas n'importe qui,

– Tu ne baiseras pas ton père, ta mère, ton frère, ta sœur.

Du fin fond de l'Amazonie jusqu'aux quartiers huppés de nos capitales, les deux interdits s'imposent sous des versions multiples. Ils distinguent le licite de l'illicite, ils permettent une vie vivable. La prohibition de la violence illimitée (voyez Freud, *Totem et tabou*) et la prohibition de l'inceste (voyez Lévi-Strauss, *Les Structures élémentaires de la parenté*) sont règles universelles, mais perdent leur efficace devant la non moins universelle offensive de la moderne peste, dont Thucydide et Proust surent diagnostiquer la radicalité nihiliste.

L'Europe s'est mondialisée en diffusant ses modes de destruction plus encore que ses modes de production. Nos cousins des antipodes n'accédèrent pas au « développement » et à la « modernité » en s'adaptant à la machine-outil, en découvrant l'usine, ou en devenant tractoristes. C'est par le truchement des armes, par la grâce de la kalachnikov, à coups de mitrailleuses, de tanks, que la plupart des Terriens se « haussèrent » au niveau de l'Occident, sans négliger la militarisation des ronéos, radios, cassettes, vidéos et autres merveilles audiovisuelles. L'occidentalisation avance d'abord par le mauvais côté du progrès, par la propagande des armes et les armes de la propagande.

Ironie des modernisations. Là où Stolypine rate sa réforme, Lénine conduit sa révolution plus loin que ses prévisions. Là où le shah échoue, Khomeiny gagne. Les contemporains s'occidentalisent contre l'Occident. Les grands soulèvements anti-euro-péens puis anti-américains arrachent les civilisa-tions traditionnelles à leur éternité, les déracinent et renchérissent sur les records « éclairés » d'inhu-manité. Premiers produits d'exportation de l'Europe : ses guerres mondiales, sa technique de révolution, ses modes de mobilisation, sa mise à l'écart et à l'encan des coutumes jadis sacrées. Ce que la planète s'empresse d'emprunter, c'est rare-ment un art de vivre difficile à reproduire d'emblée, ce qu'elle imite, c'est un art de tuer et souvent de mourir.

Mondialisation, guerre, révolution, voilà les visages multiples d'une violence physique et d'une violation mentale qui, en deux siècles, unifie la terre. Inévitablement nos contemporains découvrent que les mœurs ancestrales, les croyances d'antan, les religions établies sont sujettes à contestation et nullement inébranlables. Situation déjà décrite dans les dialogues socratiques où les adolescents d'Athènes assaillent leurs aînés de multiples « pourquoi » et repèrent que les anciens peuvent d'autant moins répondre qu'ils ne se sont jamais interrogés. L'Occident introduit partout son « je doute ». Les sociétés traditionnelles vivent dans l'éternité, sans « pourquoi ». Certes la question du « pourquoi » mobilise implicitement les mythes des origines, elle dynamise les contes et légendes, mais elle n'est pas posée en tant que telle. On ne se demande pas : « Pourquoi dois-je m'interdire l'inceste ? » ou « Pourquoi me défend-on telle ou telle violence ? ». L'Occident propage un questionnement prosaïquement radical. Voilà qui démolit, qui déconcerte, qui dépouille les infaillibilités d'autrefois. Les populations ainsi brassées, ainsi dédoublées, supportent mal une aussi fondamentale mise à l'épreuve. Tel est le problème des intégristes religieux, des talibans par exemple, ces « étudiants en théologie » dont la rigueur fanatique terrorisait l'Afghanistan. Pourquoi insistaient-ils à ce point sur le port de cette prison grillagée qu'aucune femme ne pouvait quitter sous peine de mort ?

Dans l'Afghanistan traditionnel, les femmes se voilaient, mais l'obligation n'était pas absolue. Certaines s'en dispensaient, notamment dans les villes. Tout à coup, l'uniforme fut imposé inconditionnellement. En vertu de quoi ? Qu'est-ce que les « étudiants en théologie » imaginent sous la burka, qu'il faut absolument dissimuler ? Leurs pères et leurs grands-pères voyaient une mère, une épouse, une fille légitimes qu'ils conservaient jalousement en tant que père, époux ou frère, à l'abri des regards étrangers. En revanche, la fièvre du taleb révèle que l'objet voilé n'est plus cet être traditionnel – sœur, mère, épouse – , mais la femme. Et quelle Femme ? celle que sa culture originelle ignorait et qu'il découvre dans les films hindous et les posters des stars internationales. L'étudiant en théologie pense et imagine à l'occidentale, il a un cinéma-scope dans la tête et se débat contre ses propres fantasmes. Il n'est plus l'homme immémorial, il n'est plus l'homme de la religion.

Par la loi de la burka, il croit faire barrage à sa propre occidentalisation. Trop tard. Il est déjà un Occidental, mais un Occidental qui ne s'accomplit pas, qui ne s'accepte pas, un Occidental refoulé, extrêmement malheureux, qui n'a trouvé d'autre issue que de rendre encore plus malheureux les autres, ses sœurs, sa mère, sa femme. Pourtant c'est sa propre obsession qu'il poursuit, sa honte qu'il fuit, jusqu'à la négation de soi. Au terme de son autodestruction, il s'allume bombe humaine. Nous vivons le paradoxe d'une occidentalisation de la planète qui détruit les religions en les politisant. La politisation des religions traditionnelles marque le

commencement de leur fin. La sexualisation des us
et coutumes ancestraux signale leur décomposition.

Sous l'auguste patronage de sainte kalachnikov,
les barrières sautent l'une après l'autre, et parfois
toutes explosent d'un coup. La violence paroxystique ne respecte pas l'inviolabilité des non-belli-
gérants, ni la sécurité physique, ni l'immunité
sensuelle. Pour le terroriste il n'y aura pas
d'innocent. Pour le terrorisé, il n'y a pas de recours.
La peste dissémine la levée des prohibitions touchant le sexe et le sang. *Last but not least*, elle
bafoue l'interdiction implicite mais immémoriale de
les confondre. Si les cultures s'amusent et
s'inquiètent de l'interférence des jeux de l'amour et
de la guerre, elles ne manquent jamais de les distinguer ; les bergeries et la procréation peuplent les
dimanches de la vie, l'héroïsme et la mort hantent
nos abysses. A charge pour la face rose et l'envers
noir de l'existence de réciproquement se consoler,
soit du malheur des tueries, soit de l'ennui des bon-
heurs. L'originalité absolue du terroriste éclate
lorsqu'il abolit l'ultime et infinie séparation entre
l'acte de donner la vie et l'acte de donner la mort.

L'intégriste du GIA ne tranche pas le bébé, il
l'envoie au paradis, il le sauve en le découpant.
Atta se fracassant contre les Twin Towers ne meurt
pas, il s'éternise. Gardons-nous d'inverser les fac-

185

teurs, la bombe humaine n'est pas le produit d'une lecture fautive du Coran, l'erreur de lecture résulte d'une soif de dévastation qui précède. N'importe quel texte fait l'affaire, les *Nibelungen*, le *Manifeste du surréalisme*, un chant de la Bible, un poème. « L'acte surréaliste le plus simple consiste, revolvers aux poings, à descendre dans la rue et à tirer au hasard, tant qu'on peut, dans la foule [1]. » André Breton ne recommande rien, il n'incite personne à perpétrer un crime abominable, il explicite la rage qui a saisi, dans les tranchées durant quatre années, des millions de survivants désespérés. La peste devance le *Manifeste*, qui lui donne la parole. La bombe humaine monte en spectacle la copulation finale d'Eros et Thanatos ; en elle, parle, plus fort que tous les textes sacrés ou non, une mort souveraine, simple et nue, sans avant ni après. Je détruis, donc je jouis et je suis, le cogito nihiliste se veut autosuffisant. Il fait parce qu'il défait.

Le « voyou » – Etat ou organisation terroriste – n'est pas le seul collectif à savourer la preuve de son identité et de son importance en cultivant une énergie noire. Derrière les petites puissances pirates, il y a le cercle des moyens et grands parrains. L'Arabie et le Pakistan constituent des bases arrière pour Al Qaida et Ben Laden ; la Chine et la Russie « couvrent » diversement les ambitions

---

1. André Breton, *Second Manifeste du surréalisme*.

nucléaires de la Corée communiste, de l'Iran théocratique et de feu l'Irak baasiste. Alors que le voyou spécule sur l'usage effectif et brutal d'un maximum de nuisance, le parrain s'en réserve une utilisation indirecte et comme potentielle, il la thésaurise. En période de peste, nous y sommes, il y a *de facto* multipolarité. La république américaine, cette prétendue puissance hyperpuissante, doit négocier des compromis avec la Russie ou la Chine, dont cependant le pouvoir économique et le rayonnement culturel mondial ne sont pas comparables au sien. Le rapport des forces ne s'établit pas entre la puissance positive des Etats – leurs capacités de production et de prospérité –, ce qui compte c'est la puissance négative – d'embarrasser, de menacer, de faire chanter, de nuire directement ou par malandrin interposé.

A la différence du voyou qui planifie à court terme mauvaises surprises et affrontements, le parrain peut attendre. Il dispose déjà de capacités de nuisances suffisantes pour ne pas risquer d'être rayé de la carte par une frappe de type anti-Saddam. Entre les Etats-Unis et la Russie, ou la Chine, une dissuasion réciproque limite, comme pendant la guerre froide, l'escalade des confrontations. Puisque le secret du respect international qu'inspirent les parrains réside dans leur potentialité destructrice, leur programme sera : accumulons. Quoi? Nos capacités de nuire. Comment? En modernisant. Pierre le Grand a génialement inauguré la méthode : dérober à l'Occident les arts et les techniques qui le rendent redoutable, sans lui emprunter les normes qui brident plus ou moins la violence. En somme : oui à la modernisation, non à la civilisation des Droits de l'homme. Oui à toutes les recettes rationnelles qui permettent de dompter la nature, lever des impôts, se doter de transports et d'armements, conquérir son voisin, organiser des fêtes somptueuses et bâtir des palais [1]. Non à la civilisation quand elle adoucit les mœurs et instaure la coexistence des libertés. Oui à un « capitalisme » qu'on imagine pur, dur, sauvage. Non à l'éthique du capitalisme si on entend par là – ainsi Max Weber – un ensemble de comportements, de normes et de garanties qui rendent possible une économie marchande fondée sur l'accumulation et la loi, plutôt que sur le pillage, l'esclavage et la stagnation :

« La " soif d'acquérir ", la " recherche du profit ", de l'argent, de la plus grande quantité d'argent possible, n'ont en elles-mêmes rien à voir avec le capitalisme. Garçons de cafés, médecins, cochers, artistes, cocottes, fonctionnaires vénaux, soldats, voleurs, croisés, piliers de tripots, mendiants, tous

---

1. Après Pierre, la suite dément rarement ce scénario : « Le seul problème que la Russie rouge de 1917 à 1927 n'ait jamais su poser c'est celui de la liberté, la seule déclaration indispensable que le gouvernement soviétique n'ait pas faite est celle des Droits de l'homme », Victor Serge, *Mémoires d'un révolutionnaire*, Laffont, « Bouquins », p. 793.

peuvent être possédés de cette même soif – comme ont pu l'être ou l'ont été des gens de conditions variées à toutes les époques et en tous lieux, partout où existent ou ont existé d'une façon quelconque les conditions objectives de cet état de choses. Dans les manuels d'histoire de la civilisation à l'usage des classes enfantines on devrait enseigner à renoncer à cette image naïve. L'avidité d'un gain sans limite n'implique en rien le capitalisme, bien moins encore son " esprit ". Le capitalisme s'identifierait plutôt avec la *domination* [*Bändigung*], à tout le moins avec la modération rationnelle de cette impulsion irrationnelle. Mais il est vrai que le capitalisme est identique à la recherche du profit, d'un profit toujours *renouvelé*, dans une entreprise continue, rationnelle et capitaliste – il est recherche de la *rentabilité* [1]. »

Certains parrains se contentent de parasiter, ils livrent les produits naturels (pétrole, gaz...) et absorbent des produits consommables, c'est la voie de l'Arabie que la Russie de Poutine imite. D'autres, au XIXe siècle, l'Allemagne, le Japon et partiellement la Russie, aujourd'hui la Chine, s'industrialisent et se rationalisent en quatrième vitesse, mais sacrifient l'émergence de la démocratie à un autoritarisme lourd de multiples dangers

---

1. M. Weber, *L'Ethique protestante et l'esprit du capitalisme*, Plon, 1964, p. 14-15.

pour qui force égale nuisance. Les doctes qui supposent qu'automatiquement les Droits de l'homme viendront couronner l'essor de l'économie chinoise s'abusent. Ni le Japon de jadis, ni l'Allemagne de Guillaume n'ont satisfait d'aussi optimistes prophéties. La démocratie leur fut imposée, en définitive, de l'extérieur. Réduire aujourd'hui l'Histoire à l'histoire du développement économique revient, *bis repetita non placent*, à oublier que la peste existe et existe planétairement.

LE JUGEMENT DE L'HISTOIRE

Le terroriste ne tombe pas du ciel. Intoxiqué par l'expérience de la guerre à son stade paroxystique, il s'installe « par-delà le bien et le mal », et promeut son nihilisme mesure de toutes choses. A travers lui le passé se « rétrospecte », se reconnaît échec et déréliction et préfère disparaître. Plutôt une fin effroyable qu'une frayeur sans fin! Le terroriste n'est pas le simple cannibale jouant au football avec la tête de ses victimes. Entre deux matchs, il médite comme tout un chacun, brasse des révoltes, nourrit des ressentiments, compose le bilan qui conclut à la répudiation globale et définitive du monde qui l'entoure. En lui l'Histoire se juge et prononce son propre arrêt de mort.

Qu'elle s'exprime académiquement ou qu'elle se satisfasse de travailler dans la chair, la suffisance terroriste se dote d'une vue panoramique des êtres et des choses, du passé et du futur. Elle survole le cours d'un temps dont elle n'attend plus rien. Derechef, comme pour Hegel, l'histoire universelle (*Weltgeschichte*) se fait tribunal universel (*Weltgericht*). Pour le Maître penseur, l'issue était plutôt heureuse. Selon le Maître tueur, elle est nécessairement désastreuse. Le verdict est inverse, mais la prétention d'apposer un point final est identique. Par l'entremise de ces deux juges, aussi absolus l'un que l'autre, l'Histoire majuscule s'auto-institutionnalise « jugeante » en dernier ressort.

Qu'il me soit permis ici de poursuivre une voie plus tâtonnante, celle de l'essai qui, depuis Montaigne, s'inquiète quand « notre outrecuidance veut faire passer la divinité par notre étamine [1] ». Se porter témoin et porte-parole d'une histoire « jugeante », c'est bénéficier du point de vue surplombant d'un dieu ou d'un diable supposé parler en elle. Retenons l'autre voie, celle d'une histoire non plus « jugeante », mais jugée, protéiforme et interminable, sauf quand l'interrompt la peste terroriste, version moderne d'un scénario shakespearien plein de bruit et de fureur, raconté par un fou.

---

1. Montaigne, *Essais* II, XII.

Que juge-t-on ?

De la peste comme symbole d'une pathologie politico-mentale collective, il existe deux modèles littéraires. Ou bien il s'agit d'un phénomène local, circonscrit, endogène. Ainsi celle décrite par Albert Camus, encapsulée dans le périmètre d'Oran, analogue d'une fureur totalitaire qu'on s'empressait à l'époque d'imaginer seulement allemande et nazie. Au rebours de cette conception, décidément minimale, finie, le mal suprême selon Thucydide et Lucrèce se révèle d'emblée infini, universelle épidémie soufflant sans frontières depuis les « portes du monde ». Le débat rebondit sous nos yeux, si le mal est fini, réservé à des lieux et milieux isolables, on peut en promettre l'éradication rapide et sans restes. Au cas contraire, le combat s'anticipe prolongé et incertain.

La peste terroriste, portée par la longue durée des tragédies du XXe siècle, ne peut être réduite à la brusque trouvaille d'une cervelle illuminée, elle n'est pas la « guerre de Ben Laden », d'Al Qaida ou de quelques émules, mais bien davantage. Elle n'est pas une ou plusieurs guerres. Elle se dévoile planétairement comme un « état de guerre ». Ainsi nommait-on au XVIIIe siècle le rapport de belligérance qui sous-tendait la coexistence des puissances européennes, qu'elles fussent en paix, en trêve ou en hostilité ouverte. De même, le terrorisme d'aujourd'hui ne naît pas de telle ou telle guerre, il se produit et reproduit, à partir d'un état de guerre général, un entrelacs universel des capacités de nuisances physiques et mentales, toujours latentes et souvent effectives. D'où une inévitable tendance à la contagion par rivalité et imitation qui interdit qu'on assigne un foyer unique à une infection aussi générale.

Le danger immédiat est de céder à la panique, en tentant d'occulter la dure réalité de son défi.

Premier délire dénégateur : celui des anti-Américains qui lisent dans le marc de café et prédisent doctement que, l'« Empire » étant puni pour ses péchés, les simples citoyens, « travailleurs-travailleuses », n'ont rien à craindre et ne sont nullement concernés. Variante : si ce n'est pas la faute aux Américains, c'est la faute aux Juifs. Les deux versions ne s'excluent pas.

Un deuxième délire, antimusulman celui-là, stigmatise en bloc un milliard trois cents millions de Terriens qui n'ont pas bénéficié des révélations judéo-chrétiennes. Comme si l'intégrisme islamiste ne s'attaquait pas en premier lieu aux musulmans : voyez l'Afghanistan, voyez l'Algérie ! Oublie-t-on qu'Al Qaida mobilise les fils de bonne famille recrutés dans les couches les plus occidentalisées d'Arabie et d'Egypte ? Ben Laden trompe son monde, Oriana Fallaci et tant d'autres se trompent en invoquant le conflit des civilisations et la guerre des religions. Le terrorisme intégriste n'est pas l'archaïque abcès de fixation d'un passé dépassé, les anges exterminateurs surgissent de la face noire, massacreuse et nauséabonde de notre hypermodernité Le « frère » islamiste qui sacrifie les autres et lui-même est le jumeau du tchékiste bolchevique, la duplication du « héros » fasciste qui jure « vive la mort ! ». Saddam Hussein fut leur clone à tous trois.

Troisième délire : celui des éradicateurs étatistes qui cultivent la naïveté de croire que le terrorisme demeure l'apanage exclusif des irréguliers sans Etat. C'est oublier hier, notre passé immédiat, le sanglant xxe siècle, ses idéologies dévastatrices, ses Etats terroristes ; c'est escamoter la réalité d'aujourd'hui : voyez, une fois encore, le palmarès des armées russes en Tchétchénie, celui de Kim Jong Il...

Quatrième délire : il dénonce dans la pauvreté les causes exclusives du terrorisme. Même son de cloches au forum des mondialistes (genre Davos) et aux contre-forums parallèles (genre Porto Alegre) : dès qu'on aura résorbé la misère des mondes, soit par des moyens libéraux, soit par des procédures moralo-sociales, *exit* la terreur.

Permettez-moi deux objections.

D'une part l'allégation est insultante, tous les pauvres ne sont pas terroristes, ni en passe de le devenir. Omar Sheikh, bourreau du journaliste Daniel Pearl, n'était-il pas sorti des meilleures écoles londoniennes, ce qui ne l'empêcha pas de dépecer littéralement sa victime [1]? Les assassins-pilotes du 11 septembre étaient fils de bonne famille. Les assassins du GIA découvrirent leur vocation pour beaucoup dans les instituts scientifiques d'Alger... Désolé, mais les troupes de tueurs se recrutent plutôt chez les nantis et les lettrés.

D'autre part, si la terreur n'est pas bloquée avant la très souhaitable et universelle extinction du paupérisme, tous, pauvres et privilégiés, seront, en attendant ce jour béni, exécutés. Le terrorisme doit être spirituellement et matériellement combattu de front. Bataille des idées et épreuve de force sur le terrain sont inévitables pour qui veut survivre.

COMMENT JUGER ?

Un faux candide faussement outré s'étonne : « Pourquoi ceux qui ont applaudi aux bombardements de Bagdad et de Belgrade s'élèvent-ils contre

---

1. B.-H. Lévy, *Qui a tué Daniel Pearl?* Grasset, 2003

ceux de Grozny[1]? » La réponse est au coin de la rue. Qu'il aille, le nez en l'air, flâner dans les villes qu'il nomme. Les deux premières aujourd'hui respirent, leurs habitants lui parleront calmement et librement, s'ils veulent crier, ils crieront, s'ils veulent protester, ils protesteront[2], faire la fête, ils la feront, se rendre à la mosquée, à l'église, au café... Ils ne regrettent pas leurs dictateurs déchus qu'ils ont passivement ou activement contribué à abattre; ils sont sortis de leur petite et grande mort. Leurs capitales respectives ne sont pas des monceaux de ruines. Au contraire de Grozny. Ville morte, qu'on ne visite qu'en VAB ou en tank, escorté par la soldatesque russe. Demandez aux *missi dominici* du Conseil de l'Europe, de l'OSCE et autres très rares fonctionnaires internationaux qui s'y risquent, de vous narrer les plaisirs d'un tourisme dans ce qui fut jadis le fleuron du Caucase.

A moins qu'on ne s'y faufile, clandestin, sans papiers, sans visa, sans protection, à la vie à la mort, comme cette poignée de reporters qui affrontent les dangers que notre faux naïf ne veut pas courir. Car il n'a pas besoin de voir, il juge vain d'examiner les dégâts, inutile d'analyser les résultats. Il sait d'avance, une guerre est une guerre, toutes se

---

1. Marek Halter, *Le Figaro*, 30 mai 2003.
2. A Bagdad, le 1er juin 2003, on a pu voir, grande première dans l'histoire des guerres, 3 000 soldats d'une armée défaite quelques semaines auparavant manifester en toute liberté pour réclamer leur paye! Qui dit mieux?

valent, à la guerre comme à la guerre, ou bien on écrase tout, ou bien on n'obtient rien. Une paresse à penser, s'affublant sagesse autoproclamée, sert de mol oreiller au flatteur de princes qui blanchit n'importe lequel de leur carnage, et à l'inconditionnel de la paix qui renvoie dos à dos les bourreaux, les victimes et les armées qui se lèvent pour les uns ou pour les autres.

Depuis que l'homme est homme et le silex taillé, il lui faut distinguer entre des conflits qui rebutent et répugnent et d'autres qu'il s'estime, bon gré mal gré, obligé d'engager. Il peut, la main sur le cœur, préférer la paix, le dilemme n'est pas évacué pour autant. « Un conquérant est toujours ami de la paix... il voudrait bien faire son entrée dans notre Etat sans opposition » (Clausewitz), et celui qui veut échapper à l'oppression ou à l'esclavage ne peut exclure la possibilité d'une résistance violente. L'« intelligent » qui refuse de différencier les guerres à faire et celles à ne pas faire se moque et déchoit. Il capitule devant la difficulté d'avouer une échelle de préférence qui hiérarchise les violences, toutes sanglantes et cruelles. Encore convient-il de ne pas décupler l'embarras et lui donner raison en s'enivrant de l'idéal d'une « guerre juste ».

La prétention de « justifier » l'emploi des armes pour des motifs théologiques fut délaissée par un

Occident en voie de laïcisation. Une série de grands jurisconsultes européens jalonnent, du XVIe au XVIIIe siècle, le dur travail de désenchantement des violences belliqueuses. Finies les « guerres justes » qui sont justes parce qu'elles se revendiquent, avec la bénédiction de saint Augustin et de saint Thomas, d'un Bien universel – *bonum comune* – et rétablissent l'harmonie divine et indubitable de la création. En bannissant *les croisades pour le Dieu*, l'Europe pensante a conçu la possibilité d'*opérations contre le mal*, des guerres non plus théologiquement justes mais existentiellement nécessaires, des guerres jugées (à tort ou à raison) de survie. La légitime défense – individuelle ou collective – en donne l'exemple princeps : toutes les guerres ne se valent pas.

Agresser ou préparer une agression, répondre à un agresseur ou le prévenir font deux options moralement et juridiquement antinomiques. Fatigué de disputer des fins dernières alléguées par chaque camp en ordre de bataille, on cessa de s'interroger à l'infini sur la sincérité des combattants et l'authenticité de leurs « causes ». « La guerre elle-même n'a besoin d'aucun motif particulier ; elle semble avoir sa racine dans la nature humaine... [1] » La guerre ainsi dévoilée cause d'elle-même, les jurisconsultes se concentrèrent sur le mode d'emploi des armes et

_____

1. Kant, *Vers la paix perpétuelle*

des armées. On définit des actions illicites par opposition à d'autres tacitement admises. On détrôna le droit de la guerre (*jus ad bellum*, droit de mener une guerre légitime) au profit du droit *dans* la guerre (*jus in bello*, traitement correct ou pas des prisonniers, des blessés, des populations). On statua que la loi des guerres concerne le comment plus que le pourquoi et qu'elles se révèlent admissibles ou condamnables eu égard à leur mode opératoire. Les raisons de la guerre, objets de toutes les suspicions, furent mises à l'écart, les manières de guerre furent placées au centre des débats. « Lorsqu'elle est conduite avec ordre et dans le respect sacré des droits civils, la guerre elle-même est en quelque manière sublime [1]. »

La première version du *jus in bello* définit les guerres « réglées » que se livraient (et tentaient de discipliner) les monarchies « éclairées » prérévolutionnaires. On sait que les bavures étaient nombreuses. La deuxième version est clausewitzienne, postulant que chaque grande nation, jouant sur un profond espace et une durée prolongée, se dote d'une stratégie de défense qui lui épargne de tirer la première et la met à l'abri d'une surprise désastreuse. Les victoires française de 1918 et russe de 1945 furent les dernières de cette époque straté-

---

1. Kant, *Critique de la faculté de juger* Œuvres T. II, Pléiade, p. 1033.

gique. Troisième version, la dissuasion nucléaire à son tour met en parenthèses les fins dernières, « la guerre froide est une guerre limitée, limitation qui porte non sur les enjeux, mais sur les moyens employés par les belligérants [1] ». Quatrième version, l'actuelle dissuasion antiterroriste promeut des opérations, voire des guerres, humanitaires – Bosnie, Kosovo, Afghanistan, Irak. Il est indispensable en effet que les démocraties vigilantes et soucieuses de leur survie à long terme bloquent – si nécessaire par des guerres limitées – l'embrasement potentiellement illimité de la peste terroriste.

Une guerre humanitaire est une contradiction dans les termes, sa violence engendre des dégâts fort peu humanitaires. Il faut la juger à l'acte. Elle n'est pas une croisade du bien, et s'il lui arrive de s'affubler de telles parures messianiques, elle court à sa perte, le terrorisme n'hésitera pas à renchérir en accumulant buts et promesses paradisiaques. La lutte antiterroriste doit être saisie *in vivo*, dans les moyens qu'elle met en œuvre et dans la cible qu'elle poursuit. Puisque le terrorisme est une guerre contre les civils, la pratique antiterroriste se doit au service des civils, y compris dans le style de bombardements, de batailles, de manœuvres qu'elle s'autorise. On l'a constaté, ce fut le cas à Belgrade,

---

1. Raymond Aron, *Les Guerres en chaîne*, Paris, Gallimard, 1951, p. 209.

à Kaboul, à Bagdad. Pas à Grozny dans la même période Le faux naïf, qui systématiquement confond, se moque des femmes, des enfants, des civils épargnés ou pas. Il se déshonore.

QUI JUGE ?

Existe-t-il, quelque part, un superpouvoir qui gouverne la planète ? C'est ce qu'imprudemment donnent à penser d'eux-mêmes les membres du G8 C'est ce qu'*a contrario* confirme le militant anti puis altermondialiste qui conteste leur gestion et souhaite lui substituer la sienne, celle des « peuples » nourris de bonnes recettes. Un semblable présupposé anime derechef les apôtres de la légitimité absolue de l'ONU érigée conscience mondiale, en attendant de devenir le pouvoir universel face à des Etats-Unis qui semblent lui chiper la fonction. Ainsi l'humanité est invitée, par le grand monde, l'antimonde et l'autre monde, à s'élever à la hauteur de vue d'un QG qui, pour le meilleur comme pour le pire, se doit de commander l'univers dans son ensemble.

Le préjugé politiquement correct commun au laudateur comme au critique de l'ordre mondial établi, c'est qu'un tel ordre existe et qu'un souverain l'ordonne, qui décide pour tous ce qu'il en est du bien et du mal de tous. L'omnipotence d'un supposé souverain absolu – méchant « Kapital » ou fastueuse et future démocratie des peuples, dont l'ONU (trois quarts de dictateurs et de prévaricateurs !) serait l'immaculé parlement – oblige chacun à s'oublier soi-même pour juger comme un Dieu du gouvernement global des affaires humaines. Qui juge ? Pas toi. Pas moi. Mais une conscience collective fusionnant six milliards de terriens. Une aussi fantasmagorique instance permet à chaque ventriloque, diplômé ou pas, de tenir d'emblée ses opinions particulières pour la voix de l'humanité.

Un souverain décide de tout pour tous. Il a fallu attendre le xxe siècle pour qu'une conception aussi intégrale de la dictature fût professée *ex cathedra*. Carl Schmitt s'en fit le porte-parole en prétendant qu'un tel « décisionnisme » accomplit et couronne le « droit des gens » de l'Europe classique. Depuis la monarchie absolutiste, dont le *Léviathan* de Hobbes constitue le manifeste, jusqu'à l'Etat nazi qu'illustre le *Mein Kampf* de Hitler, la conséquence serait bonne. Qui juge ? Celui qui décide, le Souverain, le Führer.

Suivons attentivement les doctrinaires sulfureux jusqu'au point où ils se contredisent. En 1938, à l'acmé de son nazisme, C. Schmitt répudie le prédécesseur dont jusqu'alors il se réclamait. Non,

202

Hobbes a beau théoriser une monarchie autoritaire, il ne va pas au bout de son projet. Ver dans le fruit, une ultime liberté de conscience détruit son édifice par « un travail de sape et d'évidement du pouvoir étatique [1] ». Soit, dans le jargon de l'époque, une faille mortelle par où s'engouffrent le « libéralisme moderne » et l'« esprit juif » (entendez Spinoza). C'est-à-dire : la séparation de l'extérieur et de l'intérieur, du public et du privé qui correspond déjà à « la conviction générale de toute la classe cultivée ».

Formidable aveu, le souverainisme totalitaire du xxe siècle ne prolonge pas mais prend le contre-pied de la politique de l'Occident moderne. Comment ? En stipulant que le citoyen ne juge pas – « ma conscience c'est Hitler », Goebbels *dixit* –, alors même que le monarchiste le plus absolutiste préservait pour chaque citoyen un for intérieur, une faculté d'initiative et de décision inaliénable et affirmait que « l'homme devenu citoyen conserve comme homme un droit de résistance qu'il ne peut transmettre à l'Etat et qu'il ne tient pas de lui [2] ».

Qui juge en dernier ressort ? L'individu. Celui qui pense solitairement. Celui qui souffre dans l'isolement de son corps et qui meurt d'une mort que

---

1. C. Schmitt, *Le Léviathan dans la doctrine de l'Etat de Thomas Hobbes* (1938), trad., Le Seuil, 2002, p. 119-121.
2. R. Zarka, *L'Autre Voie de la subjectivité*, Beauchesne, 2000, p. 130.

nul ne peut lui enlever. Un ennemi – collectif ou individu – est capable de lui ôter la vie mais non de le priver de *sa* mort. Du coup, remarque Hobbes, le citoyen fera de sa finitude la mesure de toutes choses, y compris des décisions de l'Etat-Léviathan, il jugera le prétendu juge suprême; le décideur ultime est le simple individu qui librement s'incline ou se rebelle, déterminant l'ultime prix de sa vie et le poids de sa mort.

L'irréductible liberté, pouvoir de soi sur soi, est la cible, on l'a vu, du terrorisme contemporain. Par suite, la résistance antiterroriste relève obligatoirement d'une décision, en dernière instance, individuelle – et non d'un souverain étatique ou superétatique. A charge pour celui qui libère de convaincre libérés et libérateurs qu'il s'agit bien d'une libération.

Introniser le jugement individuel jugement dernier, n'est-ce point ouvrir la porte à l'arbitraire et l'anarchie? Oui, s'il est requis de décider du meilleur et de s'embarquer pour une croisade du bien. Non, s'il s'agit de résister à un mal et de choisir les moyens, même violents, d'une telle résistance. L'individu peut à loisir errer en matière de bonheur, et les paradis artificiels ne manquent jamais, aussi bien la politique occidentale désensorcelle les croyances au point que l'imagination des paradis devient une affaire privée. En revanche, elle institue l'individu juge de son propre malheur. La vérité de la souffrance, la vérité de la mort, plus que les illusions d'une vie parfaite, balisent les décisions existentielles fondamentales. « Le plus sûr est de prendre les choses au pis en politique, c'est-à-dire quand il s'agit de se précautionner et de la défensive », affirme Leibniz, moins « optimiste » qu'on ne croit.

L'individu occidental est invité à construire une sorte d'échelle du pire ; de même que les sismologues ont établi l'échelle de Richter qui classe les séismes par ordre croissant, de même l'individu ordinaire mesure les maux à l'aune des plus intenses et des plus destructeurs. Celui qui s'instaure juge de son mal peut comparer ses malheurs et les hiérarchiser, donc évaluer l'urgence ou non de résister. « La morale même permet cette politique lorsque le mal qu'on craint est grand, c'est-à-dire que la prétention de la sûreté ne cause pas des plus grands maux que le mal [1]... » Traduisons : Saddam Hussein constitue un péril, lui faire la guerre est périlleux, comparons ces deux maux du point de vue de ceux qui les subissent et choisissons le moindre. Leibniz, Wolfowitz et le modeste auteur de cet essai se réclament d'identiques critères de jugement. Ils invitent à mesurer les maux aux maux et à évaluer les dégâts, en fonction non du meilleur

---

1. Leibniz, *Grua*, textes inédits, t. II, p. 699-700.

mais du moins pire. Les charniers béants de Bagdad semblent leur donner raison.

Il y a des bombes qui libèrent

Cet abominable bobard, tout juste bon à faire pisser de rire des régiments de pacifistes, est colporté par un personnage douteux qui n'en est pas à sa première incartade. Poète, chanteur, Wolf Biermann fut expulsé – après une longue guérilla menée guitare au poing – par les autorités alors communistes de l'Allemagne de l'Est. Vu sa dégaine anti-autoritaire les officiels de l'Ouest se méfient d'emblée. Quant à la gauche gauchiste locale, elle lui pardonne mal de se démarquer une fois de plus. Il s'explique (*Spiegel*, 24 février 2003) en évoquant un souvenir d'enfance : été 1943, l'aviation anglo-américaine bombarde sans ménagement, Hambourg est en flammes et lui, 6 ans, au milieu. Sa mère le prend dans ses bras, court, plonge, traverse le canal. Sauvés de justesse. Elle le traîne sur la rive, lui montre le brasier et de but en blanc : « Tu es tout petit mon garçon, mais tu peux comprendre, ces avions si terribles, si terrifiants viennent nous libérer de gens méchants, tellement méchants, ceux qui t'ont pris ton papa, ton si gentil papa. Il y a des bombes qui libèrent. »
Le père de Wolf avait été jugé publiquement à la fin des années 30 et trois fois condamné. Parce que Allemand (il faisait parvenir des armes à la République espagnole). Parce que communiste. Parce que juif. Exécution.
Le môme a grandi, il tient toujours pour un « cadeau du ciel » les bombes anglaises ; avec sa mère, il priait pour

qu'elles arrivent, tombent, écrasent et libèrent. De la vie ? Non. De Hitler.

Devinette : pourquoi nombre d'Irakiens, qui ne sont pas allemands, ni communistes et encore moins juifs ont-ils pensé pareil ?
Réponse : les détenus d'Auschwitz ou de la Kolyma avaient en vain scruté le ciel.

Le terme « civilisation » apparaît après 1750, en France, sous la plume de Mirabeau (père), en Angleterre sous celle de Ferguson. Le linguiste distingue deux manières de comprendre le mot. Soit il signifie une situation stable (« *the state of being civilized* »). Soit un processus (« *the act of civilizing* [1] »). Dans les deux cas, il fait couple avec un antonyme, lequel à son tour désigne soit un état (la rusticité contre l'urbanité, la vilenie contre la courtoisie, la grossièreté contre la civilité), soit un acte (barbarie, sauvagerie).

L'affirmation que nous sommes de naissance, par héritage ou par naturelle maturation, « civilisés » nourrit de multiples narcissismes, prête à maints ridicules et, plus grave, suscite des paranoïas colonialistes. L'état civilisé nous projette imaginairement au sommet de l'évolution humaine ; les sottes

---

1. Emile Benveniste, *Problèmes de la linguistique générale*, I, Gallimard, 1966, p. 336 sq.

présomptions de vivre la fin de l'Histoire aveuglent les sociétés qui rient de se voir si belles et s'ignorent vulnérables.

En revanche, l'acception dynamique – civilisation égale acte de civiliser – ouvre sur un faisceau de tâches et sur la nécessité d'une stratégie. Du coup, « civilisé » et « non-civilisé » ne désignent plus deux états qui reposent chacun en lui-même et coexistent tranquillement, à bonne distance. La civilisation-action s'oppose non pas à l'absence de civilisation mais à des forces anticivilisation qui menacent de la détruire. Reconnue comme le plus fondamental des combats que mène l'Occident éclairé, la civilisation n'est pas la paix, elle est capable de guerres. Parce qu'elle tente de civiliser les violences paroxystiques, elle doit contrôler les guerres illimitées qui menacent ses cités. Pareille nécessité n'est pas une invention maligne des « faucons de Washington », Aristote la mentionnait et Ferguson y pointe le caractère essentiel de l'Europe des Lumières : « Nous avons perfectionné les lois de la guerre et les palliatifs qui ont été imaginés pour en adoucir les rigueurs. Nous avons mêlé la politesse à l'art de l'épée et nous avons appris à faire la guerre sous les stipulations de traités et de cartels... Il y a plus de gloire à sauver et à protéger le vaincu qu'à le détruire... Peut-être est-ce là le trait principal d'après lequel, pour les nations modernes, on peut parler de nations civilisées ou policées [1] ». Les rechutes sont toujours possibles.

La civilisation est un pari. Double. Contre ce qui la nie et la menace d'annihilation. Contre elle-même, trop souvent complice passive ou aventuriste de sa disparition. Le passé s'éloigne à Bangkok comme à Rome, le futur hésite à Paris comme à New York, notre planète errante devient un tout, une insolite communauté de vertiges, unifiée par l'angoisse d'une responsabilité on ne peut plus partagée. Depuis Parménide, Hamlet et Hiroshima, la civilisation se réveille et se révèle à la croisée des chemins de l'être et du ne pas être. Nous y sommes. A chacun son champ de bataille. Quand, dans l'infime intimité d'une conscience, l'Ouest se heurte à l'Ouest, tout se joue et rien n'est joué, le glas de la fin de l'histoire est suspendu, le carillon d'un nouveau commencement retient son souffle.

---

1. Adam Ferguson, *Essai sur l'histoire de la société civile*, PUF, 1992, p. 295-296.

TABLE

Cet ouvrage a été composé et imprimé par la
SOCIÉTÉ NOUVELLE FIRMIN-DIDOT
Mesnil-sur-l'Estrée
pour le compte des Éditions Plon
76, rue Bonaparte
Paris 6ᵉ
en septembre 2003

Imprimé en France
Dépôt légal : août 2003
N° d'édition : 13657 - N° d'impression : 65368